人物叢書

新装版

前島密

まえ　じま　ひそか

山[illegible]　修

日本歴史学会編集

吉川弘文館

前 島 密 肖 像

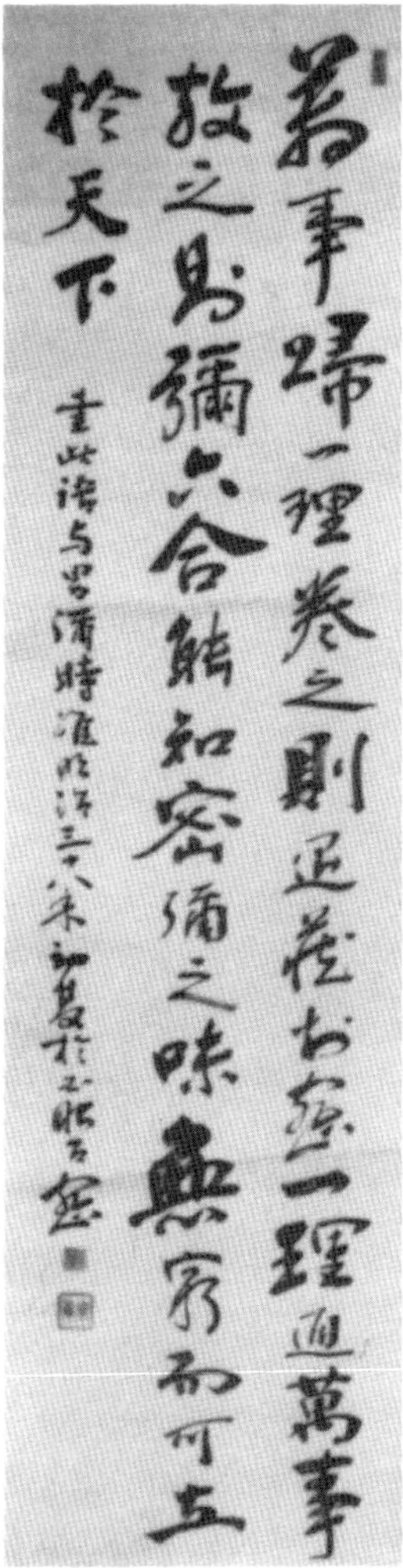

前島 密 筆跡

目次

口絵

挿図

序章　その業績と文献

郵便の父

前島 密(ひそか)は「郵便の父」として、ひろく知られている。たしかに前島は、近代の郵便事業を立案し、その構想に従って郵便事業は基礎を確立した。しかも創業後の十年間、前島は駅逓頭(えきていのかみ)、駅逓局長あるいは駅逓総監として、つねに事業の中枢に坐し、その発展に尽瘁(じんすい)したのである。さらに、いったん退官の後、七年をへて逓信次官に任じ、郵便および電気通信事業の推進につとめた。のち男爵を授けられ、華族に列せられたのも、郵便事業に対する大きな貢献が認められたためであった。

為替貯金

しかし前島の功績は、決して郵便事業のみにとどまるものでないことも、改めて注目すべきであろう。郵便事業の一環としては、郵便為替(かわせ)および郵便貯金の創業がある。全国にくまなく設置された郵便局が、通信機関として本来の機能を発揮してきたにとどまらず、庶民の金融機関として、大きな役割を果たしてきていることも、前島の構想が実った結果であった。また、その在職中には実現しなかったものの、郵便局が取扱う生命保険についても、前島は立案していた。

鉄道の構想

明治の初期、郵便事業（および為替貯金事業）は「駅逓（えきてい）」機構のもとで、運営された。駅逓の業務には、通信および運輸一般がふくまれる。すなわち駅逓機構の長となった前島は、陸運や海運の業務も管掌したのであった。陸運に関して注目すべきは、いち早く前島が鉄道の建設について構想を立てていたことである。その鉄道事業に対する深い造詣は、のちに関西鉄道や北越鉄道を主宰するときに、遺憾なく発揮された。

海運の振興

海運事業の発展に対する前島の寄与も、決して逸することはできない。先進の諸国に伍するため、民間の海運業を振興させることこそ、前島が青少年のころから描き続けていた夢であった。駅逓局長としての前島は、年来の夢の実現をはかり、三菱会社を育成して、ついに日本の海運業が世界に雄飛する基盤を築きあげたのである。さらに船員養成のために、商船学校の設立に尽力した。また日本海員掖済会（えきさいかい）を創立して、海運従事者の生活安定をはかり、その地位向上のために、大きく貢献したのであった。

このように前島は、通信および交通の事業において、偉大な先覚者であった。しかし先覚者としての前島の偉大さは、まったく別の分野においても発揮されているのである。

新聞の発刊

まず郵便業務に関連した事業として、「新聞」の発刊が挙げられよう。年少のころから前島は、漢学の素養を積むとともに、洋学の修行をおこたらなかった。そして欧米諸国において、近代化のために新聞が果たした効用を知っていた。日本では、まだ新聞が発達していない。そこで、みずから企画して『郵便報知新聞』を発刊するに至る。新聞発行の事業を発展させるために、新聞原稿の郵送料は無料とする、などの思い切った施策も、実行に移した。

漢字廃止論

情報の普及をめざした前島は、国語および文字に関しても、卓絶した見解を有していた。みずからは漢学を教養の基礎とし、さかんに漢詩をつくったが、年来の主張は漢字の廃止であった。すなわち前島は、幕末の時代から一貫して「かなもじ」論を唱道していたのである。その理想を実現したものが、『郵便報知』につづいて発刊した『ひらがな しんぶんし』であった。そして晩年には、国語改良の主役をつとめ、文部省に国語調査会が設置されると、その委員長に挙げられた。

東京専門学校長

この一事をもってしても、前島の学殖のほどが知られるであろう。しかも経営の才能は、駅逓の長官として、会社の社長として、十分に証明されている。よって大隈重信が退官し、東京専門学校（早稲田大学の前身）を創立するや、その中枢に参画した。やがて創業時の学校が、経営に困難をきたすと、前島は校長に推挙されたのである。早稲田大学が今日の大をなす基盤も、前島によって固められたといって過言ではないであろう。

以上は、前島の業績のうち、その主要な面を紹介したものである。これだけでも、その人物の幅の広さ、近代国家の建設に果たした役割の大きさを、うかがうことができよう。しかも一般には、前島の業績のうち、郵便の創業ばかりが大きく取上げられ、その他の分野については、ほとんど知られていない。

『郵便創業談』

そもそも前島の遺稿として、ひろく普及している書は『郵便創業談』である。これは明治三十二年（一八九九）、雑誌『太陽』の四月号から四回にわたって連載された「現代人物・実歴史伝、前島密君実話」を内容とするものである。その題名の通り、郵便の創業期に関する前島の談話を『太陽』の記者が、わかりやすく書きうつしたものであった。したがって自叙伝そのものではない。

『鴻爪痕』

前島の没後一年をへた大正九年（一九二〇）四月、その伝記を集大成した『鴻爪痕』が、前島家から発行され、一周忌の記念として関係深い方面に贈呈された。編集にあたったのは、もっとも深い親交のあった春城市島謙吉（一八六〇―一九四四）である。同書は七百ページをこえる大冊で、そのなかには「自叙伝」「後半生録」「逸事録」「夢平閑話」「郵便創業談」「追懐録」の諸編をふくんでいる。

「自叙伝」

　このなかの「自叙伝」は、前島の自筆であるが、未成稿であって、年月の誤りや錯簡もあり、印刷にあたって編者が訂補を加えている。しかも内容は、明治九年までで終わっていた。

「後半生録」

そのあとを受け、晩年に至るまでの歩みを、市島の記したものが「後半生録」である。つぎの「逸事録」も、また市島の筆になる。

「夢平閑話」

　さきに挙げた『太陽』掲載の談話筆記も『鴻爪痕』のなかで、初めて『郵便創業談』と名づけられた。また「夢平閑話」も前島の談話であり、内容は前島の上司であった大久保利通の逸事に関するものを、著名な歴史学者の吉田東伍（一八六四―一九一八）が筆録した。そして「追懐録」は、題名の通り、諸氏による追憶の記である。

　さて『鴻爪痕』は、このように前島の生涯について貴重な記録をふくんでいるが、部数も配布先も限られたため、一般では容易に入手できなかった。よって昭和三十年（一九五五）十二月、財団法人逓信協会は、若干の校補をほどこした上、原本とほとんど同じ体裁で復刻した。この復刻本も限定出版であり、再刊を要望する声が高まった。よって前島家は、翌三十一年三月、同書の内容を二分し、すなわち『前島密自叙伝』および『前島密　郵便創業談』の二冊として、いわば普及版を刊行した。こうして『鴻爪痕』は世にひろまり、前島の研究にあたっては最高の典拠とされて、今日に至ったのである。

また『郵便創業談』については、やはり逓信協会が昭和十一年十二月、未発表の遺稿七編と、年譜を加えて刊行している。その後も、創業談は基本文献と見なされて、しばしば復刻され、ひろく普及した。創業期の郵便を論じた文章の多くは、この創業談にもとづき、かつ引用をこころみている。

しかし以上に述べた刊行の沿革から考えても、明治九年までの「自叙伝」のほかは、前島を論ずる上での基本史料とは見なしがたい。

「行き路のしるし」

いま前島の生地、新潟県上越市下池部には、前島記念館が設立され、遺品・遺墨・遺稿の類を収蔵している。そのなかの一つに自筆の自伝「行き路のしるし」がある。末尾には「明治十四年十一月下浣前島密記ス」とあり、十四年十一月の下旬、すなわち十一月八日の退官直後に執筆したものであって、下限は当然のことながら退官までのことに限られるが、もっとも早い時期に書き上げられた半生の記録、ということができるであろう。

さて『鴻爪痕』所収の「自叙伝」は、晩年の大正三年（一九一四）冬から執筆が始められたものであって、それなりに内容も整理されている。いっぽう「行き路のしるし」（以下「行き路」と略す）は、壮年期（四十七歳）の執筆であり、かつ草稿であるため、至るところに抹消、加筆があって、読みにくいけれども、それなりに気力あふれた息吹を感じることができる。

この「行き路」は、もちろん未公刊であったから、一般には見ることができず、伝記や沿革史の執筆に際しても、参照または引用されることがなかった。それが昭和六十一年（一九八六）一月、橋本輝夫氏によって、綿密な校訂がほどこされた上、復刻された。前島の半生記は、ここに完全な形で提供されるに至った。

橋本氏の監修による『行き路のしるし』（日本郵趣出版）には、この草稿のほかに次の三篇、および橋本氏による「前島密半生記」を付載している。

「郵便創業記」

まず「大日本郵便創業記」は「行き路」執筆の直後、すなわち明治十五年（一八八二）一月から二月の間『中外郵便週報』に連載された。同紙の発行元、鴻盟社の社長、大内青巒が、前島の直話や日記、また関係者からの聞き書にもとづいて執筆したものである。残念ながら明治三年（一八七〇）四月、郵便創業の立案までで記述が中断しているが、内容としては「行き路」と表裏し、互いに補うことができる。

「郵便創業逸事」

「帝国郵便創業逸事」は明治二十七年七月から、雑誌『交通』に「交通余芳」として五回にわたり連載された記事である。これも郵便創業期の逸事を内容としており、如酔山人が筆録した。

「創業事務余談」

「帝国郵便創業事務余談」は明治二十八年（一八九五）一月から翌二十九年二月まで、これも雑誌『交通』に二十八回にわたって連載された。前島の口述を、宮本橘洲（きっしゅう）が筆録したもので、文章は文語体である。実は、この内容を口語体に改め、読みやすく書き直したものが『郵便創業談』であった。つまり、創業談の原本である。

以上の諸記録は「行き路」をはじめとして、かねてから私も復刻を要望してきたものであった。橋本氏の努力によって、前島の伝記および創業沿革史の原典が完全な形で提供されたことを、心から喜ぶものである。本稿の記述も、橋本氏の編書に負うところ、すこぶる大きいことを特記しておく。

なお前島の伝記としては、昭和三十三年、同郷の作家、小田嶽夫氏により『前島密』（前島密顕彰会）としてまとめられている。同書は刊行されてから年久しく、絶版のままとなっていたが、たまたま昭和六十年、前島生誕百五十年を迎えるにあたり、郵政省の部内誌『郵政』に、一部分を縮約の上、文体も現代風に改め、一年間にわたって連載された。さらに郵政省は六十一年一月、その全文に年譜を加え、部内職員用『教養の書』の一冊として刊行した。しかし、この小冊子も配本先が限られているため、一般にはほとんど知られていないであろう。

このほか、小田嶽夫氏には『郵便の父・前島密』（昭和三十三年、アルス日本児童文庫）、『郵便の父・前島密―その少年時代―』（昭和三十五年、泰光堂〈少年少女文学風土記〉）などの著書がある。いずれも少年むけに前島の生い立ちと業績とを、わかりやすく解説した好著である。

一　母の膝下にあって

豪雪とスキーで名高い高田の町から南へ約四キロメートル、下池部の村がある。このあたり、現在は高田とともに上越市に編入されているが、細い街道の両面には青々とした田畑がつらなり、見わたす限り農村の光景である。この地は明治の町村合併によって新潟県中頸城郡津有村下池部という地名になったが、かつては越後国頸城郡下池部村であった。

上越市下池部

旧幕時代には天領に属した。近傍の川浦村に代官所が置かれ、頸城郡の中部一帯（のちの中頸城郡）にわたる広大な地域を支配していた。川浦代官所の跡には、小さな石碑が建てられ、かたわらに稲荷社が勧請されている。畑のなか、いまは訪れる人も少ない閑寂の地である。

下池部村は、小さな溝をへだてて、上池部村と接していた。その溝に沿って、南方へ通じる道路が開かれている。道路に面して「前島記念池部郵便局」が建てられ、さらに

上野助右衛門

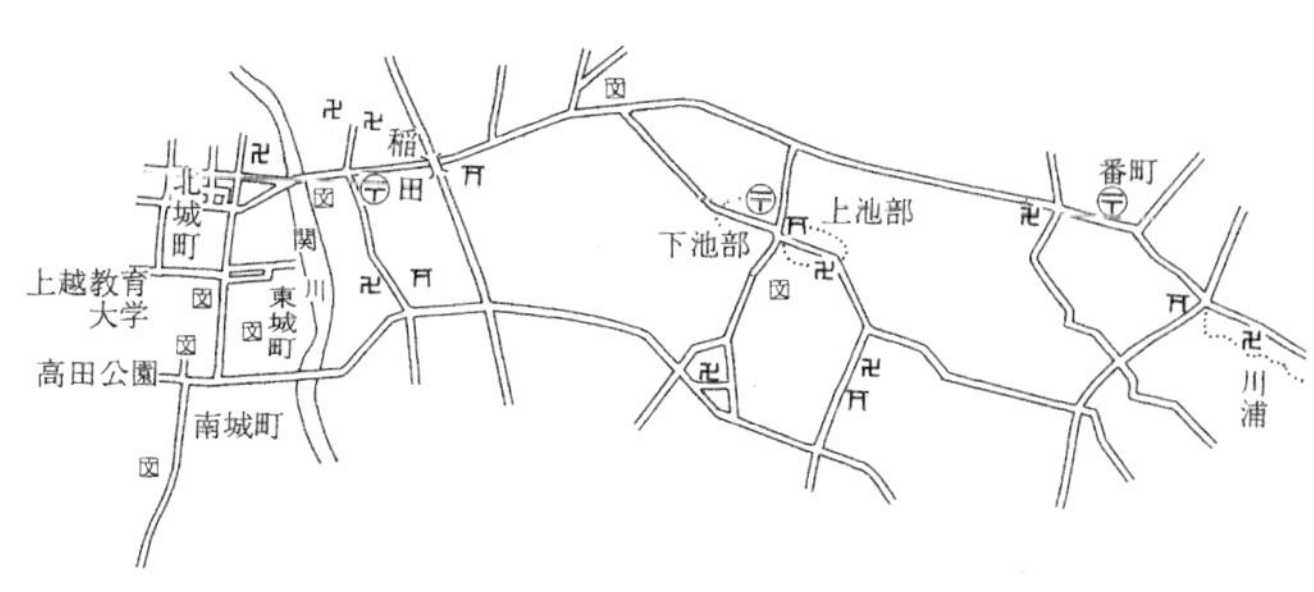

下池部付近図

小さな道をはさんで「前島記念館」の建物がある。郵便の父 前島 密は、ここに生まれたのであった。生家は上野家であった。

上野家は、下池部村に住みつくこと三百年余り、名字を許された豪農であり、幕末には酒造業も営んでいた。密の父は名を助右衛門という。上野家の二男であったが、その兄は鳳随と号して「詩歌書画ヲ好ミ 世故塵事ヲ厭ヒ 竟ニ出家シテ 生涯流浪 一処不住ノ道心坊」となってしまったので、余儀なく家督を相続したという（「行き路」）。

当主となった助右衛門は、恬淡素樸な性格であり、鋤鍬をとって村農を誘導督励した。また念仏に帰依して、香樹と号し、ひまあれば仏書をひもとき、論語を愛読した文人であった。

助右衛門の長男を又右衛門という。又右衛門が長ず

母てい

幼名房五郎

川浦代官所跡

る間に、その母、すなわち助右衛門の最初の妻は、病死したのか、離別したのか、明らかでないが、ともあれ上野家を去っていた。又右衛門のほかに子があったか、これも長く不明であったが、橋本輝夫氏の調査によって、二女やゑ（八重）のいたことが判明している。長女の名は不明である。やゑは文政二年（一八一九）の生まれ、明治二十二年（一八八九）に七十一歳で死去した。

やがて上野家に迎えられたのが、高田藩士伊藤源之丞(げんのじょう)の妹ていであった。源之丞は食禄三百石、高田藩十五万石の目附役(めつけやく)を勤めていた。ていは若いときから藩主榊原家の奥むきに仕え、ために婚期が遅れた。それにしても格式の高い士分の家から、豪農とはいえ百姓身分の上野家に嫁(とつ)いだのである。上野家が天領の民であったからこそ、このような縁組も成りたったものと考えられる。

ていは助右衛門のもとで、天保六年（一八三五）一子を生んだ。幼名を房五郎という。すなわち後年の前島　密　である。ところが房五郎が生まれてから七ヵ月ののち、天保六年八月十一日、助右衛門は病死してしまった。なお、ていは明治十一年九月七日に八十四歳で死去している。そこから逆算すると、房五郎を生み、夫に死別したのは、四十一歳のときであった。

前島記念館スタンプ

兄又右衛門

上野家は、長兄の又右衛門が嗣いだ。すでに二十歳をこえている。それに十代後半の妹（やゑ）がいた。寡婦となったていは、乳のみ子の房五郎をかかえ、異腹の子どもたちとともに暮らして、心労をかさねたことであろう。又右衛門について、のちに密は次のように述懐している。

兄ノ又右衛門ハ其性豪放　家ヲ破テ　産ヲ成サスト謂ヘルカ如キ人ニシテ　酒ヲ好ミ客ヲ愛シ　一擲千金ト云フニハアラネト　殆ト半生四壁ノミ存スル家ニ淡如トシテ其生潤ヲ畢ヘテケリ（「行き路」）

すなわち兄の又右衛門は、その父に似ない豪放の性格であり、陶陶斎と号して名利にこだわらず、酒を愛して蓄財をかえりみなかった。しかし弟の密から見ても、天賦の学才があり、和漢の書物に通じて、土地の人びとからは慕われたのである。当人は嫌がるのに、村びとたちから頼みこまれ、子どもたちのために教鞭をとった。つまり寺子屋の師匠をつとめたわけである。

ところで房五郎の生まれた日は、正月七日とするのが通説である。大正三年（一九一四）の『自叙伝』にも、一月七日の生まれ、と明記していた。太陽暦に直せば、一八三五年二月四日となる。しかし、この日付は必ずしも確実なものではない。

もっとも早い自伝「行き路のしるし」には「余ハ天保六年正月八日ニ生レタリ」と記していた。これを受けて大内青巒（せいらん）の筆録した『創業記』も「正月八日」の生まれとしている。明治十四-五年のころ、本人はそのように思いこんでいたのであろうか。もっとも父の命日は八月十一日と、どの記録においても正確に記され、疑う余地はない。

そもそも明治以前の日本では、生誕の日を重んじる気風はなく、まして誕生日を祝う風習はほとんどなかった。これに対して死亡の日は、檀那寺（だんなでら）に届ける必要があり、命日には仏事を営む風習であったから、正しく記録された。したがって当の本人としても、生誕の日についての記憶は、あいまいなところがあったのであろう。

こうして房五郎の生誕日は正月八日とされてきたが、明治三十五年に至り、密は裁判所（芝区西久保巴町区裁判所）に提訴し、その確定裁判によって生誕日は正月七日と更正された。なぜ日付を改めねばならなかったのか、理由は明らかでない。

やがて房五郎が五歳となったとき、母ていは房五郎を連れて下池部の上野家を去り、実家のある高田の城下に移り住んだ。実子ではない又右衛門や、娘たちとの折り合いが思わしくなかったためであろうか。

幼時の教育

それから後は女手ひとつで、裁縫などの賃仕事によって生計を立てねばならなかった。房五郎の教育も、もっぱら母があたった。すなわち「昼ハ機杼窓辺ニ詩歌ノ暗記ヲ授ケラレ　夜ハ操車燈下ニ文字ヲ習フヲ教ヘラレ　八歳ノ齢ヲ過クルマテ　唯母カ家庭ノ教ヘノミヲウケ」（「行き路」）て育ったのであった。

母ていは上士の家に育ったから、相当の教養を積んでいたに違いない。しかし女性であるから、読み書きといっても、和書に限られていた。房五郎が受けた教育も、錦絵によって史上の英雄の名を暗記させ、また英雄の物語を語り聞かせ、あるいは「今川往来」などによって、倫理を教えるという次第であった。「今川往来」は「女今川」とも呼ばれ、男子が読んだ今川状にならって、女子むけに絵入り仮名文字で記された往来物である。

糸魚川に移る

こうして天保十三年（自叙伝では天保十二年）の春を迎えた。房五郎は八歳となっている。

母の弟、相沢文仲が高田の寓居を訪れてきた。文仲も高田藩の伊藤家に生まれながら、糸魚川藩の医家、相沢家に迎えられていた者である。相沢家は糸魚川における名医の家柄であり、代々京都に上って山脇東洋（一七〇五―六二）の門に学び、その門人帳にも相沢家歴代の名が列せられている。文仲もまた、京都に上って内科を学び、さらに紀州の華岡青洲（一七六〇―一八三五）について蘭式外科を学ぶなど、修業を積んで、良医の評判が高かった。

その文仲が房五郎母子の暮らしをみて、生計が不如意である様子をあわれみ、糸魚川に移ることを勧めた。また房五郎を熟視して、将来は嗣子とすることを母に約束した、ともいうが確実ではない。すでに文仲は、長兄にあたる伊藤源之丞の子、文徳を預っていた。必ずしも文徳を後嗣ぎにするつもりはなかったのであろう。しかし文徳の存在が、のちに房五郎の身に波乱をまき起こすことになる。

糸魚川は、松平氏一万石の城下町である。日本海に面した良港でもあり、商業はさかんであったが、学事は必ずしも開けていない。藩校もなく、城下には寺子屋があるに過ぎなかった。そこで房五郎も、同じ医家である銀林玄類のもとにかよい、素読を学んだ。素読といっても、医家のことであるから、読む書物は「傷寒論」とか「大成論」というような、漢方医学の古典である。そして在宅のときには、叔父の薬室において助手の手助けをした。

ちなみにいう。玄類の子が銀林綱男である。綱男は医業を継ぐことを嫌い、高田の儒者、倉石侗窩（後出）の門に入って経史を学んだ。幕末維新の際には、尊攘論を唱えて志士の仲間に加わり、戊辰の年には北陸の野に転戦した。こうして明治政府に入り、地方官を歴任して、埼玉県知事に至る。退官後は、密のあとをうけて、北越鉄道の社長をつとめた。

医学と漢学と

さて房五郎は、幼少のときから医書に接し、叔父の家では薬剤の調合や、患者の取扱いなどを、見よう見まねで覚えたのである。こうして「医家ニ在リテハ交ル人ノ医ノ多ケレハ　自然ニ之レカ薫陶ヲ受ケ　余モ亦　医業ヲ学ハント　幼キ意ニモ思ヒ立」つに至った（「行き路」）。

房五郎はまた、竹島穀山のもとにもかよっている。近くの真視院にも出むき、そこの老和尚からは、茶の湯の手ほどきを受けた。穀山は高田の生まれ、本姓を阪部、名を真と称したが、糸魚川に移って竹島氏を嗣いだ。和漢の学に通じ、剣槍弓術をきわめたほか、書画を善くし、点茶や挿花の技芸にも及んだ。藩に仕えては長く代官の職をつとめ、晩年には目附役も兼ねた。なお房五郎が江戸に上ったのち、文久元年（一八六一）十二月、五十七歳で病死した。よって房五郎を導いたころは、四十歳に達していない。

穀山は、幼い房五郎の利発を愛したのであろう。ひまがあれば房五郎をともなって、山野を歩きまわった。その間に、漢詩や俳諧のつくりかたなどを教えている。呑みこみも早かったようだから、教えがいもあったことであろう。茶の湯も形ばかりを知るに過ぎなかったが、挙措（きょそ）動作がしとやかであったらしい。穀山の友人たち、とくに俳諧をたしなむ風流人士にも、目をかけられるようになった。

こうして房五郎は、俳諧の筵（えん）があれば、給仕にこい、と招かれる。知らず知らずの間に、俳諧の味や、季語などの約束も身につけた。ある日のこと、俳筵におもむく途中、夕暮の枯木に鴉（からす）のやどるのを見て、寂莫（せきばく）のおもむきを感じ、

夕鴉　しょんぼりとまる　冬木立

と、一句をよんだ。この句を筵席の客人に示すと、大いにほめられ、意外の賞品を与えられた。帰宅して母に語ったところ、母は色を正していった。

世には幼弱にして文を解し、書を能くし、人の賞詞を受くる者あり、然れども成長の後は多く凡庸の人と為りて、嗤（わらい）を招くもの多し、汝が今日の事、之に類似せずや、甚だ恐る、汝が之に自負の心を生じ、他日を誤（あやま）るあらんことを。（「自叙伝」）

この言を房五郎は、生涯の訓戒にしたという。外にあっては良き師に恵まれ、内にあっては医術の初歩のほか、叔父から「論語」や「孟子」の素読を教えられた。しかし糸魚川における学習は、この程度のものに過ぎなかったわけである。

糸魚川で過ごすこと四年、房五郎も十歳に達した。たまたま高田の儒者、倉石侗窩（とうか）の評判を聞いた。侗窩、名は典太、高田の豪商、伊勢屋の生まれである。幼少から学を好み、十七歳のとき江戸に出て、安積艮斎（あさかごんさい）（一七九一―一八六〇）の門に入った。その見山楼（けんさんろう）において儒学を修め、やがて塾長をつとめるに至る。さらに長沼流の兵学をも究め、文武両道に通じた。こうして天保の末には高田に帰り、塾を開いて士民の別を問わず、教育をほどこしている。

これを聞いて房五郎は、羨望（せんぼう）にたえず、高田におもむいて入門したいと、母に願い出た。母は、快くこれを認めた。そして訓戒を垂れた。

汝不幸生後八ヶ月にして父を亡（うしな）ひ、独り母の手に依て乏（とぼ）しき養育を受け、茲（ここ）に初めて就学の道に上らんとす、真に喜ぶべし。請ふ克（よ）く健康に、克く勉励に、師教を奉じて男子たれ。誓って父無き者との嗤（わらい）を取る莫（なか）れ。（「自叙伝」）

母としても、初めて幼少の一人息子を送り出すわけである。気丈に語ったものの「潸（さん）

然涙下る」ありさまであった。房五郎もまた、母の情愛が身にしみて「感涙衣襟を湿」したのであった。

弘化二年（一八四五）三月、房五郎は老僕をともなって糸魚川をあとにした。北陸の春は、なお寒く、冷たい雨が蕭条と降る上に、海道はぬかるみがちである。黄昏に至り、ようやく名立（西頸城郡名立町）の宿場に着いて、旅亭に泊った。生まれて初めて母のもとを離れ、十歳をこえたばかりの少年の独り寝ともなれば、そぞろ寂しさに堪えかね、その夜は夢を結ぶこともできなかったという。

翌日は高田に達し、母の実家である伊藤家に落ちついた。そこは倉石塾に近いので、通学の便利を考えたわけである。しかし伊藤家の処遇は、どうにもよそよそしい。それも当然であろう。伊藤源之丞は、高田藩の上士である。房五郎は妹の子にあたるとはいえ、百姓身分に過ぎない。しかも源之丞の子、文徳は、糸魚川の相沢家にとどまったまま、房五郎ひとり高田に来て、その世話をしなければならぬ。源之丞よりも、その夫人、つまり文徳の母は、いっそうおもしろくなかったであろう。

しばらくして房五郎も、ようやく事情が呑みこめた。そこで伊藤家を本拠とはしたものの、多くは下池部の生家に寝とまりすることにした。つまり兄のもとから、高田にかよったわけである。

高田は、名だたる豪雪の地である。冬ともなれば、通学の路も積雪が屋根にまで達する。そのなかを房五郎は、塾までかよいつめたのであった。それは弘化四年の秋まで、二年半に及んだ。

倉石侗窩に入門

侗窩の塾には、記録として「天保及門帳」が残されている。しかし、そのなかに房五郎の名は記されていない。年少のために、あるいは学力が不足の故に、正式の塾生とは認められなかったのであろうか。もっとも明治の後年には、同窓生として前島密の名が連ねられているから、このとき入門したことは間違いないであろう（村山和夫氏の調査による）。

ともあれ房五郎は、侗窩の塾において、儒学の基礎を学びとったに違いない。当時の教育は、とくに房五郎のような幼少の場合、素読が主になる。つまり古典の暗誦である。四書、すなわち「論語」「孟子」「大学」「中庸」を、教科書としては朱子の「集注」を使用し、その文章を片はしから暗誦してゆく。房五郎は侗窩の塾にかよった二年半の間に、朱子の「大学章句」や「中庸章句」などは、全文を暗誦できるまでに精通したことであろう。さらに侗窩から、兵学の講義を受けたことであろう。

しかし房五郎が当面の目的としていたところは、医学の修得にあった。当時はどこでも同じような状況であったが、高田においても、漢方の医家は世襲であって、医術においても、学殖においても、師として就きたいと思うほどの者は、まったく見あたらなかった。これには失望した。

江戸遊学を志す

たまたま伝え聞くところによれば、江戸には蘭家と称する二―三の大医があって、単に病気を治療するのみならず、オランダの新学によって、小は人体組織の解剖から、大は万物構成の理を研究し、国民の蒙を啓発するに努めていると。そこで考えた。いやしくも大成しようと欲するならば、いち早く、こうした人に師事しなければならぬ。高田の地にあって、怠惰の人の仲間になっていても、仕方あるまい。

すでに房五郎も、十三歳のなかばに達した。この際、よろしく起ちあがり、江戸に遊学しよう、と決心した。決意のほどを兄の又右衛門に語ったところ、兄もまた大いに賛成した。しかし蓄財をこころみない兄のことであるから、房五郎を江戸に送り出すための学資を工面することができない。

母の訓誡

房五郎は糸魚川に帰り、母に相談した。母は驚きながらも喜び、しかし学資のないことを同様に嘆いた。叔父の文仲は医家として富裕であっても、育英のために学資を出してくれるような人物ではない。しかも文仲の家には、年長の文徳も養われていた。その人をさしおいて、房五郎にのみ多額の学資を供するとは、とうてい考えられなかった。そこで母は諭した。

相談しても無駄なことは、すでにわかっている。なまじ相談すれば、かえって引きとめられるかもしれない。むしろ、だまって断行し、日時がたってから、その成績を示し、改めて学資を請求してみれば、あるいは提供してもらうことも期待できよう。それまでの期間の費用くらいは、母の手もとから按配しよう。

まさしく母の推測どおりであった。遊学の志望を「叔父ニ請ヒタルニ只然ルヘシト云ヘルノミ　一金ノ学資ヲモ許サヽレハ　憤然　為メニ決志シテ　僅カノ路費ヲ母兄ニ乞ヒ胆太クニモ　初メテ江戸ニ遊ヘリ」（「行き路」）という次第であった。

出府に際し、重ねて母は戒めるところがあった。もし時期が到来しても文仲が認めてくれない場合には、みずから働いて自弁しなさい。江戸に遊学している医学生のなかには、「按摩」を夜業として苦学し、大成した者もあると聞いている。しからば「精神一到何事か成らざらん。一旦方針を定めて前進せんとす。何ぞ其歩を躊躇せんや。此事たる冒険不安の挙なりと雖も、僻地に屈して成す無く、生きて益なきに勝る」と（「自叙伝」)。

母の訓戒(くんかい)は、房五郎の心に深くしみこんだものであろう。それまで「温順柔和の人」と思っていた母に「果断決行の勇ある」ことを知り、かつ驚き、かつ喜び、いよいよ出府、遊学の意志を固くしたのであった。

二　志を立てて江戸に

弘化四年（一八四七）九月、房五郎は江戸に着いた。長い道のりを十二歳の少年の足では、はたして幾日かかったことであろうか。

江戸に着いたものの「江戸ニハ知音モ無ク　誰レニ依ルヘキ途モアラネハ　実ニ耐へ難キマテ飢寒ヲ忍ヒシコトモ」あった（「行き路」）。また自叙伝によれば「糸魚川藩邸に在勤せる人々に就き、彼の大名ある蘭医の氏名住所を問ひたるに、其氏名すら知る者無く、他の医家に問ふも亦然りき」という有様であった。

糸魚川藩主松平直春の下屋敷は、青山の郊外にあった。原宿にも近く、いまは繁華の地と化しているが、当時は百姓地をへだてた閑寂の辺地である。ここで糸魚川からはるばる出府してきた少年が、いきなり蘭方の大家を紹介してくれと申し出たところで、役人たちは相手にしてくれなかったことであろう。その辺の漢方医とて、蘭方の大家とつながりを持っている者があったとは、まず考えられない。

そこで房五郎は「更に熟考するに、漢学は諸学の素なり、凡そ学を為し業を成さんと欲せば、此素養無かる可らず。余は漢学の素養に乏し、先づ暫く漢儒に学び、然る後徐に蘭医家に学ぶも遅しとせず」（「自叙伝」）と、まず儒学を学ぼうと志した。

たまたま一ノ関藩儒の都沢亨が、糸魚川藩の幼主の先生をつとめ、大学者であると聞いた。その都沢のもとに押しかけ、強引に頼みこんで、その塾生となった。しかし文具や、その他の雑用品を買い求めると、母から与えられた少額の金の大半は消え、あとは三ヵ月分の学費にも足りない。叔父文仲に出資を願い出たが、別に考えるところありとして、きっぱり断わってきた。

出郷のとき、母の語った苦境が早くも訪れたのである。いまや天佑をまつほかはない。そこで広く同郷の人びとをたずね歩き、どのような勤めでもかまわぬから、医家か儒家で学僕にやとってくれるところがあったら、紹介していただきたい、と頼みまわった。

幸いにして、本銀町の開業医、上坂良庵の家を斡旋してくれる者があった。そこの学僕となったわけである。しかし学僕とは名ばかりで、薬室や患者のための用は、ほとんどさせてもらえない。もっぱら薪割りや水くみなど、家内の労働にこき使われた。師につくこともできず、数ヵ月を空費した。

添田玄斎

年がかわって嘉永元年（一八四八）となった。その春、別に紹介してくれる者があり、幕府の官医、添田玄斎（そえだげんさい）の薬室生（「自叙伝」）となることができた。玄斎の亡父は蘭書を読み、耳科で有名な医者であったが、当時の幕府は蘭学者を嫌っている。よって玄斎は官をはばかって蘭方を用いず、家名のみを襲っていた。

それにしても添田家は、官医である以上、大変な格式を与えられていた。その屋敷は下谷（したや）の御徒町（おかちまち）通りに面し、広壮な構えである。房五郎は、その「薬室生」になったと称しているが、実際は薬箱持か、その助手をつとめたのであろう。蘭方に心を惹（ひ）かれている房五郎にとっては、やはり不満であった。

同じ御徒町通りに面した「隣町に伊藤玄穆（げんぼく）という蘭学家の大医」があった。この人こそ、幕末における蘭方医の三大家に数えられる伊東玄朴（一八〇〇―七一）である。玄朴は「啻（ただ）に医師たるのみならず、蘭書を諸藩の士に教」えていた。しかし玄朴は金銭欲が強く、入門して就学するには、多大の束脩（そくしゅう）を要した。とうてい房五郎のような貧書生が立入れるところではない。

その「塾長は薩州藩の松木某」といった。俊才と謳われた松木弘庵（こうあん）である。維新の後は寺島宗則（てらしまむねのり）と称し、わが国に初めて電信を開設することに力を尽くした。さらに晩年は外務卿をつとめ、伯爵を授けられている。

房五郎は、知人に紹介してもらって、この松木弘庵に近づいた。再三にわたって、伊東玄朴の学僕にでも雇ってもらうことの斡旋を、松木に頼みこんだ。しかし、これは無理な願いに違いなかった。もちろん実現には至らない。このとき松木は十七歳、房五郎よりは三歳の年長である。後年、電信と郵便と、創業にあたって最大の功労者ふたりが、この時期に出会っていたのであった。

相沢家と絶縁

翌二年（一八四九）晩秋、糸魚川の知人から、思いもよらぬ内容の書状が届いた。叔父の相沢文仲が宿痾を療養しようと、京都に上る途中、越中滑川において余病を発し、急死した。文面には「足下の知らざるを憫み、之を報ず」とある。日数をかぞえてみると、その書状を発した日付から、一ヵ月以上たっていた。

母からは一報もない。ふしぎである。何か、叔父の家に変事が起こったに違いない。房五郎は添田屋敷の勤めを辞して、ただちに帰郷の途についた。途中、下池部の生家に寄ったが、兄もまた文仲の死を知らない。さては文徳が、何か悪策をめぐらしている、と推察した。糸魚川の相沢家に至ると、はたして文徳は棒を一本たずさえ、この家はすでに我が相続し、すべての手続は完うした、と叫んで、追い払う。母の居所を問うと、わが相続に異議を唱えたので、他に託して幽閉（ゆうへい）して置いた、と言うのであった。

もはや抗弁するも、無駄と思われた。知人を訪ねて母の居所を知り、ともに文徳の暴挙を痛憤し合った。そのまま生家におもむき、兄に語ったところ、これは不問に置くべきではない、法に訴えて解決にみちびこう、と万事を引受けてくれた。しかし文徳も、その親族、つまり母の実家にあたる伊藤家も、頑（がん）として譲らない。当事家の間では解決に至らずついに法廷にまで持ちこまれた。

房五郎の生家は、天領の民である。争いは川浦の代官所と、糸魚川藩庁の間の折衝となった。糸魚川は親藩とはいえ一万石の小禄であり、藩庁には法に明るい者もいない。争論の形式さえ、わきまえない。ながながと、いたずらに月日を重ねて、裁決に至らなかったが、やがて文徳の側は非を覚り、仲裁者を立てて和議を申し出てきた。その条件は、金三百両を房五郎に与え、ただし相沢家を去って生家に戻る、というものである。

もとより房五郎は、糸魚川のような土地で相沢家のあとを継ぎ、そこに永住することは望んでいない。正理が自分にあることが明らかとなって、それを証明するために若干の金銭を渡すならば、異議なく満足するつもりであった。それが金三百両を贈るという。当時としては、途方もない大金であった。

ここで幼い房五郎は、大きな誤算をしたのである。三百両のうち、百両を訴訟費にあて、百両で兄の労苦にむくい、かつ母の生計に供する。残りの百両を自分の学資としよう。そこで「軽忽に其条件を可なりと速断」してしまった。

しかし実際には、訴訟費が思いのほかに高額であり、借金となっていたから、元利を支払った上に、その他の入費をつぐなうと、金二―三十両が残るばかりであった。房五郎は、ただ呆然となるばかりであった。このときも気丈な母が、かえって激励し、ようやく立ち直ることを得た。

もはや郷里には、未練もない。房五郎は再び江戸に出た。もとより何の頼るべきところもないから、前の縁にすがって、添田家を訪れた。ちょうど都合よく、そこの薬剤生が一人、欠けていたので、すぐ補充として採用された。添田玄斎の母堂は、旗本のなかでも大身（四千石）であった溝口讃岐守直清の姉にあたり、すこぶる絃歌に長じた洒落びとであった。ことに義太夫節が得意で、房五郎にも無理やり習わせる。奉公の身とて房五郎は、初めのうちこそ、いやいやながら習っていたが、しだいに興味がわいてくる。

常人ならば、興にまかせて芸をみがいたであろう。しかし房五郎は、後年の前島をみても、幼少のときから趣味におぼれぬ性格であったらしい。芸ごとに興味をおぼえることは、房五郎にとって「最も怖るる所」であった。いわば人物が固いのである。そこで溺れることを「避けて他に転ぜん」と考えた。やがて友人の紹介により、やはり幕府の医官、長尾全庵の屋敷に食客として住みこんだ。

筆耕に従事

　こうして房五郎は、思うままに学習する便利を得た。しかし食客の身であるから、給料は与えられない。懐中は常に乏しかった。この境涯が三年間続いたのである。その間のことを「筆耕薬剤生ナド　稍クロヲ糊シ得シモ　三冬一衣ヲ被リテ徹宵　寒キ眠ヲ破ラレ　止ムナク燈下ニ読書ヲナセシコトモアリ」（「行き路」）と回顧している。母からは時たま手製の衣服を送ってくることもあったが、多くは借財を返却するため、入質したり、転売したりする始末であった。

　たまたま水戸浪士の桜井任蔵と、日本橋四日市に店を出している達磨屋伍助と知り合いになることができた。この両者から筆耕の仕事を与えられたのである。当時は幕府による出版物の検閲が、きわめて厳重であった。認可を受けることは容易でない。また出版に当たっては、活字印刷が発達していたわけではないから、多くは木版刷りであった。したがって部数も限られる。それやこれやで、書物はすこぶる高価であった。そこで政治や兵法、医術などの書物はもちろん、通俗の読みもの類も、多くは筆写本が作られ、売買された。ここに筆耕という仕事が生まれる。房五郎は、その仕事にありついた。

達磨屋の店があった四日市は、江戸橋のほとり、後に郵便創業の地となったところである。これも、ふしぎの縁ということができよう。達磨屋からは通俗書の筆耕を請負(うけお)った。これによって房五郎は「当時の世態人情を知」った。

桜井任蔵は谷中(やなか)に住んで、なかなか入手できぬ珍書、その多くは蘭書からの訳本を筆写し、頒布していた。これを知ると房五郎は、訳本類の筆写をさせてくれと頼みこみ、もちろん相当の収入を得たわけだが、同時に「西洋の事情をも少しく窺(うかが)ひ知る」ことができたのであった。

こうした筆耕の仕事のなかで、とくに後年、役立った書物として『三兵答古知幾(タクチキ)』が挙げられよう。この書物については、市島謙吉が『逸事録』のなかでも触れているが、後に郵便創業を建議するに当たり、重要なヒントを与えたことを、木村毅(き)氏が指摘している（「前島密と三兵タクチィク」）。

『三兵答古知幾』

さて『三兵答古知幾』は、プロイセンの兵法書のオランダ語訳が伝えられたものであり、三兵とは歩兵・騎兵・礮(こう)兵のこと、タクチキとは戦術を意味する。当時は蘭学の兵法書というので、非常にもてはやされ、それを高野長英(ちょうえい)（一八〇四―五〇）が邦訳した。

高野長英は、よく知られているように天保十年（一八三九）、蛮社の獄により、投獄された。在獄五年、弘化元年（一八四四）の大火に乗じて脱獄し、それからは潜伏して蘭書の飜訳に熱中する。『三兵答古知幾』は、その間に訳出された。しかし長英は嘉永三年（一八五〇）十月、その居所が幕吏の知るところとなり、急襲されて死去した。房五郎が筆写したのは、嘉永四-五年のことであったと考えられるから、すでに訳者は世を去っていたわけである。この『三兵答古知幾』を、房五郎は前後三回にわたって筆写した。三度目には難解な戦術の内容も、ほぼ理解するに至り、他人にむかって三兵の講義ができるようになったという（「逸事録」）。

こうして嘉永六年（一八五三）となった。房五郎も十九歳に達している。その年六月三日、ペリー提督のひきいる黒船四隻が浦賀に入港し、江戸市中は震動した。

> 時ニ嘉永六年　米国使船ノ来リシヨリ　国情大ニ騒然トシ　天下ノ志士モ皆　臂ヲ振ヒ　胆ヲ嘗メテソ立タリケリ　余モ亦　当時謂ヒラク　年未タ弱冠ニ至ラス　材未タ百夫ニ長タルニ足スト雖トモ　此ノ遭ヒ難キノ時ニ遭遇ス　豈ニ徒ラニ　生涯ヲ医ノ小技ヲ以テ終ユヘケンヤ　須ク志ヲ勃興シ　微力ヲ国ノ大事ニ尽ス　ヘシト
>
> （「行き路」）

医学を志していた房五郎も、いまや国防、とくに海防に意を傾けるに至った。『行き路』の稿本でも、抹消した部分に「今日ノ急務ト云ヘルハ海防策ニ過クルハナシ」と書かれている。このところ数年、あるいは学習し、あるいは筆写して得た兵学の知識が、黒船来航によって、房五郎の志望を転換させた。

兵法の理論は、すでに知った。この際、西洋式の教練法を実地に見たい。軍艦の型式も見たいし、できれば西洋の将兵たちの顔かたちも見ておきたい。房五郎だけでなく、江戸の人びとの誰もが、西洋の人を見たことはないのである。

浦賀におもむく

たまたま幕府が、黒船の応接使として、井戸石見守弘道を浦賀に急派する、という情報に接した。その井戸が、若年の者を小者（こもの）として雇い入れるという。房五郎は、さっそく口入屋（くちいれや）におもむき、実情を語って周旋を頼みこんだ。この際、房五郎は官医の屋敷に起居しているから、士分の扱いを受け、武士の身なりをして両刀を帯びている。そこで口入屋は言った。「両刀をはずして、主家の制服（つまり奴の姿）に着かえ、いかなる卑賤の仕事にも文句を申さず、使役にしたがう決心ならば、ご希望のように取り計らいましょう」。

房五郎は両刀を口入屋にあずけ、井戸の小者（こもの）となって久里浜（くりはま）におもむいた。六月九日、ペリー提督は将兵を率いて久里浜に上陸し、応接使の井戸に大統領の親書を手交した。そして明春には再び来航することを告げて、このたびは浦賀を退去したのである。

いまや米国の将兵が整列し、行進する状景を実地に見た。海上の軍艦も望見した。房五郎の目的は、ひとまず達せられたのである。ここで困ったことに、奴(やっこ)の姿とはなったものの、長く医家のなかで暮らしてきたから、言葉づかいが〝さよう然らば〟の漢語調となる。これは怪(あや)しまれる。問題を起こす前に逃げよう、というわけで、直ちに脱走して江戸に帰った。

海防の必要

さて国内の動きを見るに、捕鯨船をもって米艦を焼打ちすべし、と論ずる者もいる。これは児戯に等しいから、反論するにも及ばない。砲台を建造すべしという論は、当然のことであるけれども、その論者にして、砲台の建造法や大砲の鋳造法を知っていない。すべての論議が、実際を知らずに行なわれていた。

聞くところによれば、外国の軍艦は物資の輸送などのために数隻の船を引きつれ、安全の地を選んで碇泊する。しかも碇泊には、政府の所在地に近接した場所を選ぶという。その通りならば、防衛のための砲台は、江戸もしくは大坂の付近に建造しなければならないであろう。

しかし房五郎は、まだ江戸湾の地形も知らない。大坂に至っては、はるかの異郷である。実地を知らぬままに立論しても、机上の空論に過ぎない。異国船が渡来を見た現在、ただ坐して読書にのみ時日を空費すべきではない。よろしく起って実地を見、その上で大策を建言しよう、と決心した。

さらに考えた。長崎には旧来の砲台がある。ことに肥前の鍋島侯が増築して、その施設もやや完備したと聞いている。そこで、まず長崎に行き、論策の基礎をつくる。それから博多を一見し、そのほか有名な港湾をめぐり歩いたあと、大坂および近傍を実見して、建策の参考にしよう。こうした計画を立てて、旅程に上った。旅費の足りないところは、野宿で補う。むしろ野宿することによって、体力を試みようというのであった。

この壮挙について、みずから「血気に駆られて奮然たり」（「自叙伝」）と回顧している。しかし見聞の結果を、どのような形式で当局に〝建言〟することができるであろうか。たとえ建言ができたとしても、房五郎のような年少の草莽の士の意見が取入れられる見込みは、まったく無い。ともあれ思い立てば成否をかえりみず、直ちに実行に移すという性格が、房五郎には若年のときから根ざしていた。

年は改まって安政元年（一八五四）となった。房五郎は二十歳である。日本国の西半分を周遊する旅行が始められた。江戸から信濃路、越後路をとって、郷里に立ち寄り、母と兄に会って、その激励を受けた。当時にあって、九州までもの長旅ともあれば、水盃(みずさかずき)をかわして別れるのが通常である。母は餞別(せんべつ)として若干の貯えを差出したが「殆ど永別の観」があったという。

これより北陸道、山陰道をへて下関に至り、おそらくは伊崎から舟で豊前小倉(ぶぜんこくら)に達した。九州の北岸、西岸をへて長崎に着く。ここで砲台を見学したあと、肥後をへて日向(ひゅうが)に至る。薩摩は事実上、国を鎖(と)ざしていて他国者は入れない。日向からは北上して豊後へ、そして佐賀関から海を渡り、伊予に達した。土佐も入国はできない。よって讃岐に至り、海をこえて紀伊に渡る。さらに伊勢をへて三河に渡り、東海道から伊豆下田に至り、船便を得て江戸に帰った。当時は地図を入手することは、ほとんど不可能に近い。地図なしの旅行であったから「見落(みおと)したる処はある」に違いないが、ともかく海岸はくまなく歩き、大きな港湾はすべて見てまわったわけである。

もとより路銀は乏しいから、かねての覚悟どおり、野宿することも多かった。しかし人里を離れた原野の樹下に横臥(おうが)するのでは、野獣にでも襲われるかと心配で、疲労していながら一睡もできぬ夜も、しばしばである。やがて一計を思いついた。横になるとき、線香に火をともして、頭と足と左右に数本を立てると、四方に燈火を点じた気分になって、ようやく安眠できるようになった（「逸事録」）。

この大旅行によって、房五郎は、どれほどの収穫をあげたであろうか。当初の目論見では、見聞にもとづく知識によって、当局に建策を行なおうと考えたのである。しかし江戸に帰って「深思するに」これまでの行動は、「徒に血気に駆られて妄動せしに過ぎ」なかったか、と反省された。いっそう眼界が広げられた、といえよう。つまり「学無くして徒に妄動するは、実に狂者の所為」とも痛感したのである。やはり学問の修業が足りないことを、身にしみて覚った。

たまたま友人（西村某）の斡旋により、旗本の士、設楽弾正の屋敷に住みこむことができるようになった。設楽家は林大学頭の親戚であるから、林家の蔵書を借覧する便宜があろう。また幕末三傑の一人、岩瀬忠震は弾正の兄に当る。この人に接して、教えを受ける機会に恵まれるかも知れない。

しかし岩瀬は当時、海防掛の要職にあった。このような人に、一介の書生がたやすく面会できるものではない。房五郎も前後二回、会うことができたのみであったが、そのとき重大な教訓を与えられたのであった。

凡そ国家の志士たる者は、英国の言語を学ばざるべからず。英語は米国の国語となれるのみならず、広く亜細亜（アジア）の要地に通用せり。且（かつ）英国は 貿易は勿論、海軍も盛大にして文武百芸 諸国に冠たり。和蘭の如きは萎靡（いび）不振、学ぶに足るものなし。

ひろく海外に目を開いた先覚者の見解は、強く房五郎の心を動かした。その教示にしたがって房五郎は、将来の方針を変更し、この後は蘭学よりも、もっぱら英学を修めようと決心したのである。しかし江戸においては、英国の書物について教える教師は一人もなく、書物そのものも求めることは困難であった。

そこで洋式砲術の大家、下曾根金三郎信之に入門し、銃隊操練および大砲使用の一端を学んだ。この習練には『三兵答古知幾（タクチキ）』の筆写で得た知識が、大いに役立ったという。

海軍学を志す

安政二年の春、房五郎二十一歳のときである。

一年前の安政元年（一八五四）三月、幕府はペリー艦隊の威圧に屈して、米国と和親条約を結び、下田・箱館を開港した。ついで八月には日英和親条約を結んで、長崎・箱館を開港した。九月にはオランダにも、下田・箱館を開港した。

いまや幕府も、開国にふみきった。それまで幕府と、長く交際を保ってきたオランダは、ここにおいて大きな好意を示した。国王から幕府に対し、当時の幕府が、いや日本の有識者が、いちばん欲しがっていた蒸気船を贈呈してきたのである。安政二年六月、オランダ製の蒸気船スームビング号は長崎に入港し、御用船となり、やがて観光丸と命名された。この観光丸を受領してから、幕府は安政二年十月、長崎に海軍伝習所を設立した。伝習所の監察となり、実質上の所長をつとめたのは、長崎目付の永井玄蕃頭（げんばのかみ）尚志であった。伝習生のなかには勝麟太郎（海舟、一八二三―九九）がおり、たちまち頭角をあらわして、監察の補佐をつとめるようになった。

翌三年、房五郎は旗本、江原桂助の屋敷に移っている。江原は幕府の御船手頭（七百石）をつとめていた。しかも観光丸が、長崎から伝習生を乗せて江戸に回航してくるに及び、軍艦奉行に任ぜられるという評判が立った。かねてから房五郎は、海防の必要を痛感している。この際は江原のもとに属し、できれば伝習生の一員となって、海軍学を修得しようと望んだのであった。

しかし江原は、みずからその器（うつわ）ではないとして海軍関係には就任しなかった。伝習所の監察は、依然として永井がつとめた。

房五郎は落胆した。また他の屋敷に移ろうかとも考えた。しかし江原の屋敷には兵学者の槙（まき）徳之進が住んでいる。槙は磐城の平（たいら）藩士で、長沼流の兵学に通じていた。房五郎は、槇から兵学の講義を受けていたのである。さらに槇は、その師である小野寺陽斎の『兵要録講義』二十冊の筆写を許してくれた。ただし当時の兵学において講義録は門外不出、門人といえども筆写は許さない。房五郎は、筆写しても他人には示さずとの血書の誓約をしたほどであった。

ところが房五郎は筆写した後、熟読してみるに、とくに秘密とするほどの内容ではないことを知った。そこで請われるまま、友人たちに貸し与え、借覧あるいは回読をゆるした。その人たちも幕末の変乱で四方に散り、二十冊の講義録も、ことごとく散逸してしまった。後年のことになるが、明治のなかば、江原桂助がそのうちの一冊を携えて、いまや盛名の高くなった前島のもとを訪れた。江原もまた借覧した一人であった。前島は往時を追懐し、晩年に及んで（明治四十二年）巻頭に感想を記している。

……余は此一冊を手にしたる時は恰も死児に接したるかの感を発し 頗る欣然の情に堪へざると共に、其蝿頭の細字を見て、往時の窮乏 僅々 白紙を購ふことすら意に任せず、余儀なく魚油暗燈の下に 此細字を以て 洋書せし状態を追懐し 潸然一滴を禁じ能はざりし。……（前島記念館蔵）

房五郎は、この『兵要録講義』を筆写するため、江原の屋敷に留まっていたのである。

やがて安政四年（一八五七）、観光丸は江戸に回航してきた。この船に、海軍伝習生として乗組み、運用長をつとめていたのが、竹内卯吉郎貞基である。竹内はしばしば江原の屋敷を訪れ、房五郎もまた進んで竹内と接触した。そして大いに、その抱負を語った。これを聞いて竹内は、房五郎の志を壮とし、力を貸すに及んだのである。

すでに前年三月、幕府は江戸の築地に講武所を設立し、旗本の子弟を入学させて、洋式兵術の訓練にあたっていた。さらに四年四月には、講武所のなかに軍艦教授所を設けている。幕府もまた、海軍の育成に乗り出したのであった。竹内は、この教授所に房五郎を入学させようと、はかったわけである。しかし正式に生徒となりうる者は、旗本の子弟に限られた。房五郎には、その資格がない。

そこで竹内は、観光丸が江戸湾を出港するための試運転の際、とくに見習生として乗組ませてくれた。実地に機関学を習わせよう、というのであった。伝習生として、ふさわしい衣服も貸し与えた。その教えかたの周到であったことは、後年まで房五郎を感激させている。

観光丸は、横須賀湾に一泊した。その夜、竹内は甲板に出て、将来この湾が重要な位置を占めるであろう、と説明した。まさに先見の明である。また初学の房五郎に便宜を与えようと、観光丸の機械図をつくって、贈っている。房五郎みずからも、機関や船の部品をていねいに写生した。これらは、終生の記念となったのである（前島記念館蔵）。

ちなみに、竹内は長崎において高島秋帆（一七九八―一八六六）に学び、さきの下曽根とも同門であった。江戸に来てみると、多くの旗本の子弟は文弱に流れ、士風は沈滞しているのを見て、憤慨に堪えなかった。だからこそ、房五郎のような青年に望みをかけたと思われる。このままでは、幕府の滅亡もとうてい免れることはできない、と思われた。ついに役職を退いて長崎に帰り、後半生は隠居して、和歌を友としつつ五十一歳の生涯を終わった（文久三年）。

商船への関心

さて房五郎は、海軍伝習所に入ってから日も浅く、その身分から同僚と接することも少なかった。しかし談ずるに足る人と見れば、つかまえて問いかけた。わが国の海軍は、みずから隆盛になることができるだろうか。そうすると、みな異口同音に言った。いやいや、われわれは海軍のことを学んでも、軍艦がなければ何の役にも立たない。しかし軍艦を造ろうとしても、国庫が乏しく、その費用を提供することができない。現在の設計としては、年貢を増徴して、その費用をつくるほかに方法はないだろう。

房五郎も、まったく同感であった。聞くところによれば、西洋においては国家の力をもって産業を振興し、貿易をさかんにし、これに課税して、海軍の基金としている。すなわち軍艦を造り、将兵を養成し、平時と戦時とを問わず、商船や積荷の安全を保護して、もって相互の利益を図っていると。このような政策をとらなければ、富国強兵の道は開くことができないであろう。

そこで房五郎は、重ねて問いかけた。海軍の興隆を図るとともに、商船界の振興についても、深く考慮しなければならないのではないか。

しかし一人として、賛成する者はいない。みな言うのである。武士は文武の道にいそしむもので、賤しい商業のことは語らない。君の意見のごときは、西洋だから実現できるのだ。わが国の体制では、実行も不可能である。

これが当時の武士たちの考えかたであった。といって、士分に伍して育った房五郎には、商人身分の人びとと論じ合う、という考えはない。どうしたらよいかと、ひとり思い悩むばかりであった。

三　北へ西へ全国周遊

箱館行を決意

安政五年（一八五八）となった。房五郎二十四歳である。この年六月、幕府は米国と修好通商条約を結んだが、調印の可否をめぐって、国内では尊王攘夷の掛け声が高まっている。しかし房五郎にしてみれば、海防をおこたったままの攘夷などは、まさしく机上の空論としか思えなかった。

年の初め、箱館から江戸に帰来した人の話によれば、箱館には幕府の諸術調所（しらべどころ）が設けられ、教授（所長）の武田斐三郎成章（なりあき）（一八二七―八〇）は、同港に碇泊している米国の船長を招いて航海術を学び、調所の書生たちにも陪席させていると。このような実地の学問こそ、房五郎が年来の希望するところであった。何とかして箱館に行きたい。たとえ下男でもよいから、武田家に入れてもらって、書生の末席に列し、航海術の講義を受けようと決意した。

しかし旅費がない。友人たちに相談し、普段着（ふだんぎ）と大小刀のほかは売り払って、若干の金をつくった。また数通の紹介状をもらった。こうして三月の初め、箱館までの旅に出たのであった。

巻退蔵と改称

道中には、やはり武士の身分であるほうが有利である。そこで氏名も、上野房五郎を改めて「巻退蔵」と名乗った。この氏名の出典は『中庸章句』の巻頭にある。すなわち朱子が子程子（程明道・程伊川）の句をかりて、中庸を解説した文である。

其の書は始めに一理を言ひ、中ごろ散じて万事となり、末に復た合して一理となる。之を放てば則ち六合に彌り、之を巻けば則ち密に退蔵し、その味はひ窮まりなし。

また、この文中「退蔵於密」の句は、そもそも『易経』繫辞伝のなかで用いられている。これを巻けば、すなわち退いて密なる深みのなかに蔵れる（身をまかせる）という意味である。

当時の知識人にとって『中庸章句』や『大学章句』は初学の書であり、学習といえば、その文の暗誦から始まった。しかも、これは巻頭の文であるから、まっさきに暗誦したに違いない。そして『易経』にもとづく句であることを教えられたであろうから、房五郎としても、とくに心を惹かれていたと思われる。

巻、退蔵の語をはじめ（後年の）諱として知られる「密」、また長男に命名した「彌」

も、この文中から採ったことは疑いない。さらに本人の回想によれば、このときすでに「密」の名を称していたようである。すなわち「余は嘗て支那流に名は密、字(あざな)は懐之(かいし)、俗称退蔵なりし」(「夢平閑話」)と述べているし、別にも「自ラ称シテ巻退蔵密ト云ヒタリシ」(「行き路」)と記していた。これによれば当時、姓を巻とし、通称を退蔵として、平素は巻退蔵と名乗ったものと考えられよう。

さて、このたびは箱館までの旅である。やはり海防の計画を立てるために、太平洋に面した海岸づたいに北上した。もともと乏しい旅費であった上に、途中で失敗をかさね、窮地におちいったこともしばしばであった。

とくに仙台を出てから、海上を見ようと、金華山に登った時のことである。けわしい坂道に、のどが渇くこと、はなはだしい。まわりに水がない。酒が好きのため、瓢(ひさご)に冷酒を入れて携えていたから、水のかわりに酒を飲んだ。ほろ酔い気分で坂を上り、汗が滝のように流れ出したので、両肩をぬいで、大声で歌いながら登っていた。そのとき財布と、紹介状とを落としてしまったのである。

山寺にたどりついて、風呂場に案内されたとき、ようやく気がついた。もはや無一文である。やむなく事情を告げると、幸いなことに住職は漢詩を愛した。そこで自作の漢詩十数首を示し、詩客として逗留することができたのであった。

再び仙台へもどって、旧知の友人をたずね歩き、紹介状をもらう。その勧めにしたがい、仙台藩領を通って、富裕な農家で学問に関心のある家を訪ね、経書の講義をして若干の謝礼を得つつ、旅をつづける、という計画を立てた。

しかし、たまたま農繁養蚕の季節である。どの農家も、講義を聞くような余裕はない。失望をかさねながら北上したが、ある村の富農の家に泊ったところ、そこに寄寓していた某氏が、蒸気機関について大きな関心を持っていた。某氏は蒸気機関の名は聞いていたが、実物はもちろん、図面も見たことはない。退蔵は、観光号の六分の一機関図を携帯していた。これを示して、くわしい説明をほどこすと、某氏は大いに喜び、若干の謝礼を贈った。まさに天佑(てんゆう)であった。

やがて津軽藩領に達する。津軽藩は藩境に関所を設け、手形を買って携帯する者でなければ領内に入れない。いまは手形を買う金も惜しかった。当然、関所では厳重にさえぎったが、退蔵は度胸をきめ「我は江戸旗本の士」であると大呼して、役人を責め立てた。関所では扱いに窮し、裏に間道のあることを教えた。こうして青森に達したが、やはり手形のない者は泊めてくれない。違反すれば、三日間の閉門に処せられるという。

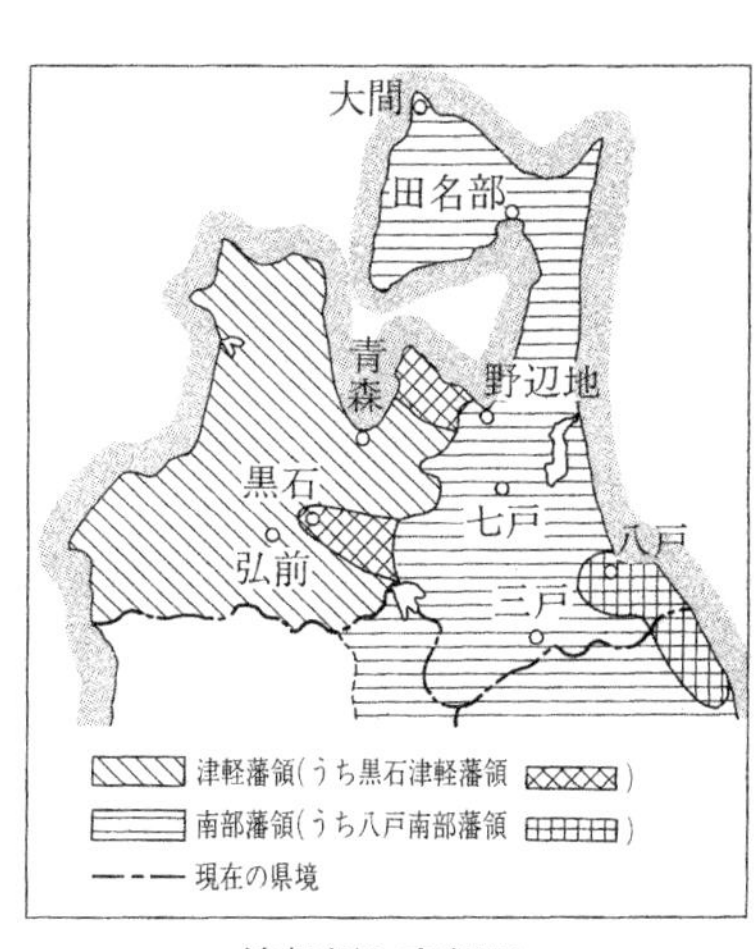

津軽領と南部領

退蔵もやむを得ず、津軽藩領を去った。

引返して南部領に入り、下北半島を北上する。一夜を下風呂の温泉につかって疲れをいやし、大畑村をへて、半島先端の大間村に至った。ここから便船によって箱館に渡る。旅をかさねること数ヵ月、すでに嚢中ほとんど無銭であった。

箱館では、添書をたよりに栗本瀬兵衛のもとを訪れた。瀬兵衛、名は鯤、当時は奉行頭であった。後には外国奉行となって幕閣に重きをなし、明治に及んでは『郵便報知』の主筆となり、鋤雲の号をもって文名をはせる。

栗本は学資の有無を問い、かつ漫然と箱館まで訪れた粗暴を責めた。しかし退蔵の志を認め、機会を得て武田氏に紹介しようと約束したのであった。退蔵は、しばらく寄寓させてくれる家はないか、と懇請した。無一文に近い退蔵は、旅宿に投ずることもかなわない。その夜は八幡宮の回廊に眠ったほどであった。

やがて栗本から、調役の山室総三郎の家を紹介された。その子、源太郎の家庭教師として同家に寄寓し、武田氏入門の時を待て、という次第であった。退蔵は深くその親切に感謝し、ただちに山室家に赴いた。総三郎のためには六線表を謄写して、これを教え、相当の謝礼を得た。この総三郎は、佐倉の藩医で順天堂を創立した佐藤泰然の長男である。弟に松本良順（のち軍医総監）、林董（のち駐英大使）がいる。しかし総三郎は弟たちと「其性相反して甚しき保守主義なるが為に、竟に栄達せざりし」と、退蔵は評している（「自叙伝」）。

箱館諸術調所

安政六年（一八五九）、退蔵二十五歳の春、ついに武田斐三郎のもとに入塾を許された。このころ武田は、諸術調所の教授であるかたわら、弁天砲台と五稜郭の設計にあたり、その建設が進んでいて、すこぶる多忙である。教授する時間がない。しかも米人は昨年のうちに去ってしまい、商船の学事については新しい知識が得られない。在塾の先輩から、すでに習得したところを聞くばかりであった。

その講義というのも、米人ボーデッティの航海書によって、航海測量のほか、帆船の運転に関する簡単な知識を示すに過ぎない。退蔵は、その航海書と実際の航法とについて、たゆまず独学により習得していった。半年もたたぬうちに、ボーデッティの測法、

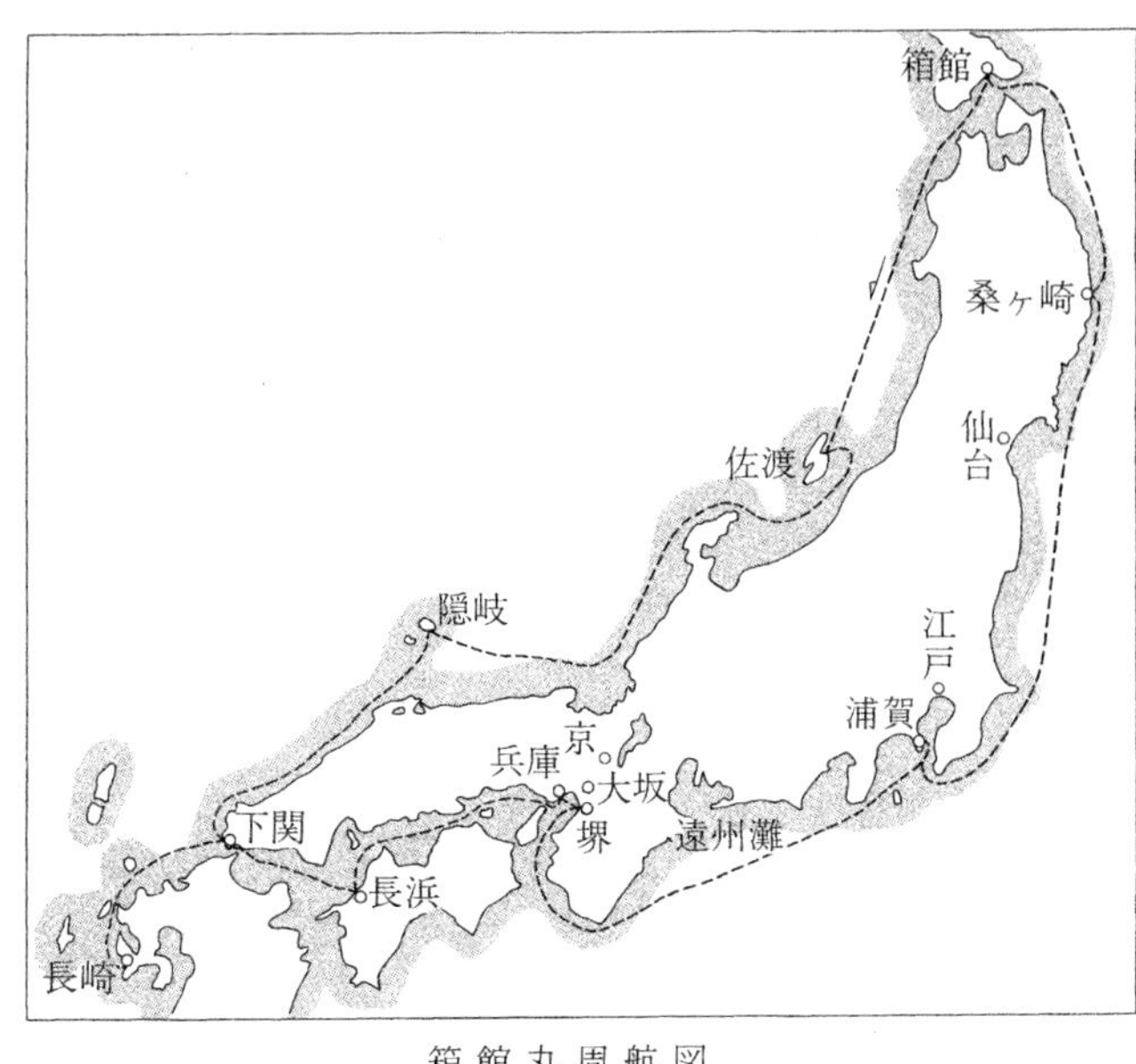

箱館丸周航図

測器の用法などを身につけてしまった。

　諸術調所には、用船として箱館丸があった。船具が不完全なので、運用術の実習には不十分だが、測量術を学ぶことはできる。しかし、実習のための経費を捻出（ねんしゅつ）することができない、と武田は嘆いていた。そこで退蔵は建議した。

　蝦夷地の海産物を箱館丸によって大坂あたりに運び、売りさばいたならば、相当の利益をあげることができよう。もっとも箱館丸は官船であるから、商人と利益を争うことは、幕府が許さないことも考えられる。そこで名目は日本海の測量ということにして、荷足(にあし)のために海産物を積むことにすればよい。

ひろく西日本を周遊した経験があればこそ、退蔵は、このような発想に至ったのである。もちろん武田は手をうって、この案に賛成した。

本州沿海を周航

七月、箱館丸は日本海の測量という名目のもとに、荷足として昆布を積み込んで出帆した。退蔵は学生として乗り組んだ。箱館丸は同地で建造したスクーナー型の帆船であり、箱館奉行に専属していた。海上の往来用として造ったものであり、船室その他の施設も、まずは完備していた。したがって寄港した先では、どこでも船を見にくる者が多く、しかも賞賛された。みな初めて洋式の船を見たのだから、驚嘆したことも当然であった。船は日本海を西航して佐渡、隠岐に立寄り、下関と長崎とで積載の昆布を売却した。それより瀬戸内海をへて、泉州の堺に達し、ここで碇泊すること十余日に及んだ。その間に退蔵は、奈良などの名勝を探訪している。

堺からは浦賀に至り、十一月初旬に出航したが、金華山の沖を過ぎてから宮古(みやこ)へ達するまでには、はげしい北風のもと、洋上の寒気に、乗組員一同は堪えられないほどの苦しみを味わった。もはや尻屋崎(しりやざき)をへて海峡へ入るのは、危険と考えられた。よって宮古に碇泊し、翌春を待った。

明けて安政七年（万延元年）正月、空は晴れ、順風となったので出航し、箱館に帰着する。七ヵ月にわたる航海であった。しかも本州の周囲を一巡したのである。退蔵は一銭の給与も受けず、その点では困窮したけれども、海上から日本の沿海をくまなく見てまわることができたのは、退蔵に大きな自信を与えたのであった。

沢辺琢磨

さて退蔵が寄寓していた山室家に、山本数馬と名乗る炊夫（すいふ）がいた。土佐の藩士で、坂本竜馬の従弟（いとこ）にあたる。剣術に長じ、漢学の素養も深かった。江戸で勤王運動に奔走していたが、ある事件に関係して箱館に走り、知るべもないまま炊夫に雇われたのであった。退蔵は一見して尋常の下僕でないことを知り、親交を結んだ。ある日、神明宮で撃剣の会が開かれ、その卓越した技が認められて、土地の青年たちの師範となった。神明宮の宮司、沢辺氏は、数馬にほれこみ、その死にのぞんでは娘の夫に迎え、沢辺家を相続させた。ここに琢磨（たくま）と名乗った。

のち文久元年（一八六一）、ハリストス教会の司祭ニコライが箱館に来航し、教会堂を建てて布教にあたる。神官となった琢磨は、ニコライを説服しようと、しばしば訪問して議論したが、ついにその教えに服して信徒となった。正式の受洗は、明治元年（一八六八）三月である。ニコライは明治五年に上京するが、琢磨もまた東京に上って布教に従い、教会の長老となった。このことを退蔵、のちの前島が知るのは、明治十年代のことである。前島は面会を求め、旧交を温めようとしたが、すでに琢磨は口患にかかっており、対話することができなかった。琢磨は日本人として最初の司祭となり、大正二年（一九一三）六月、七十九歳で死去した。

再び沿海周航

万延元年（一八六〇）四月、箱館丸はまた航海に出ることとなり、退蔵は箱館奉行から測量役を命じられた。退蔵としては、さきの航海が学術上にも、商業上にも、得るところがなかったので、この命令は受けたくなかった。しかし退蔵の伎倆を知った武田が、若干の官金を入手させて目下の窮乏を救済してやろうと考え、名ざして推挙したのである。その好意を無視することもできず、塾生一同の勧告もあり、退蔵は余儀なく承諾して乗船した。

このたびは北海道の物産を、士官室にまで満載していた。貿易の奨励を名目としていたが、実際はまったく営利を目的とした航海である。このことも退蔵にとっては、不満であった。当時の国情からすれば、当局は洋式船の堅固で快速なことや、営業上の有利などを示して、人民を指導すべきであろう。そのような意図もなく、単に営利を目的の行為は不当である。まして役人が営業に従事しても、とうてい商人と競争できるものではない。これが退蔵の実感であった。

この年三月には、井伊大老の暗殺という変事が起こった。江戸の形勢は、いよいよ険悪を加えている。そうした時期に、商船の乗員となって、意味もなく時日を空費することは、退蔵にとって嘆かわしかったが、どうすることもできない。四月下旬、箱館丸は長崎に直航し、大坂、江戸をまわって、七月上旬に帰着した。

箱館から大坂に達する航路は、日本国内において最長の距離である。これに従事する廻船業者も、おおむね規則正しく営業している、との評判であった。退蔵は、廻船の船員や、陸上の執務者が、どのように仕事をしているか、知りたくなった。そこで廻船問屋に頼みこみ、その手代に伍して、海陸両方面の業務に従事した。その間には、樺太（からふと）の南岸にまで航行している。しかし退蔵にとって役に立つようなものはなかった。廻船業務の弊風を見たに過ぎない。それでも、このときの体験は、後日の事業に大きな参考となった。みずから「必ずしも無益なりとは云ひ難し」と回想している（「自叙伝」）。

折りから退蔵のもとに、江戸の友人より来信あり、時勢ますます不穏となって予断を許さぬ状況となっている、すみやかに帰来せよ、という文面であった。退蔵の気持はそそられた。たまたま奉行所の支配組頭、向山栄五郎（のち隼人正、号、黄村）が帰府するという。これに陪従して江戸に帰った。万延元年十二月のことである。

しかし江戸では、とくに仕事もない。そうしたとき、長崎奉行所の調役に任ぜられた小松某が、赴任にあたって従者三名を求めていると聞いた。さっそく訪れて頼みこむ。安閑と過ごすことができないのが、退蔵の性分であった。

このときは江戸から長崎まで往復したに過ぎない。ところで退蔵は、このときの従者のなかに「瓜生寅氏の在る有りて、学問上別に利する所ありき」と記している（『自叙伝』）。瓜生は福井藩士の家に生まれながら、十五歳のとき、父が藩政の不祥事件にかかわって処刑された。その後、京都に上り、医学と蘭学を修めたが、さらに英学の必要をさとり、長崎に遊学した。瓜生が長崎に着いたのは、万延元年七月であったから、従者として同行したというのは、退蔵の記憶違いであろう。しかし、この長崎行きによって、瓜生と知ったことは疑いない。

対馬行に同行

すでに文久元年（一八六一）である。その二月、ロシアの軍艦（ポサドニック号）が対馬に来航し、海軍の根拠地設置を対馬藩に要求した。いわゆる対馬事件である。ロシア艦が対馬に居すわっているとの報は、四月初め江戸に達し、幕府は大いに狼狽した。ただちに外国奉行の小栗豊後守忠順（一八二七―六八）らを対馬に派遣し、退却を折衝させたが、ロシア艦は動かない。ロシアと対立していた英国も、横浜に滞泊していた軍艦を派遣し、武力でロシア艦の退去を迫ろうという意向を示した。ここにおいて幕府は、さらに外国奉行の野々山丹後守兼寛らを派遣することに決した。外国奉行組頭となっていた向山栄五郎も、これに随行する。向山は、退蔵にも同行を求めたので、大いに喜び、八月、江戸を発した。

奉行の行列は、中山道をとって九州に向かう。ところが驚いたことに、一行の旅装を見れば、太平のときの虚飾に過ぎない大鶏羽の長槍、または飾弓などをたずさえ、五十名以上の同勢が悠々閑々と進んでゆく。すでに幕府は数隻の汽船を保有しているのに、どうして海路をとらず、わざわざ長距離の中山道を行くのであろうか。退蔵は疑念をいだいて、向山に問うた。

向山は嘆息し、こっそりと答えてくれた。「これは幕閣における秘密の、いや姑息の策略である。推察し給え。行列には、ことさら無用の虚飾を用い、中山道という長距離をえらんで、時間をかせぐ。大坂へ至れば数日の逗留をなし、そこで大和や京都に遊ぶ余裕もできるだろうから、吟詠を楽しむもよかろう。おそらく奉行が対馬に達するころ

向山栄五郎

には、すでに露艦は退去したあとであろうよ」。

退蔵は、その後の処理について、見通しをたずねた。いわく。「そもそも露国が対馬に垂涎(すいえん)しているのは、海軍の根拠地を設けたいのだから、いったん退去しても、またやって来るだろう。英国にしても、同じような野心がないとは言えない。そこで幕閣は、対馬において外国との通商貿易を開き、各国の居留地として、彼らの野心を防ごうということに決したのだ。奉行の使命も、主眼とするところは、ここにあるのだろう」。

退蔵は、さらに問うた。「聞くところによれば、対馬はきわめて貧しい土地で、輸出できるような物産もない。中央からも遠く離れた孤島である。およそ通商を営むには、国内有数の都市で、物資の集散や交通の便利な、殷盛(いんせい)の地を選ばねばならない。どうして、対馬のような遠隔の孤島を選ぶのか」。

向山は再び嘆息しつつ、答えた。「その通りだ。自分だって、そこが分からぬわけではない。何回も論じたのだが、目下の急難を処理するには、ほかに良策はないということで決定されてしまった。そこで自分は同行を固辞したのだが、許されなかった」。

この向山は、のち隼人正と称して外国奉行に任ぜられ、慶応三年(一八六七)には徳川昭(あき)

武（一八五三—一九一〇）に随行して欧洲に渡る。欧洲から日本へ、初めて電信を利用したのは、向山であった。やはり先見の明ある人物であった、と言えよう。

対馬の情況

さて奉行の行列は、江戸を発してから四十日以上もかかって長崎に達した。そこでも多くの日をついやして十月下旬、薩摩藩の天佑丸に乗船し、ようやく対馬の厳原に着いた。すでにロシア艦の姿はない。幕閣の思わく通り、英艦が対馬に急行して退去を迫り、八月にはロシア艦も撤退したのであった。

奉行たちは対馬の全島を視察してまわった。ロシア艦が繋泊していた芋崎に至ると、ロシア風の家屋が建てられ、野菜畑が開かれるなど、永住の計画を立てていたことが実見された。この芋崎は、竹敷湾内の深くに位置し、海岸には大艦をつなぐことができる。ロシア艦は湾口の高処に斥候所を設け、防衛の施設まで整えていた。退蔵は、この情景を見て、はげしい憤怒を覚えたのであった。

長崎に滞在

十二月下旬、一行は肥前藩の汽船に乗り込み、呼子に上陸して、名護屋で文禄慶長の役の本陣跡を訪れた。そこから唐津、博多をへて、一行は帰る。ただし、これからのち、約二年間における退蔵の動きは明らかでない。

後年の記憶によれば「廿六歳ノ秋ヨリ長崎ニ於テ英書ヲ学ヒ」とある。また、これにさきだつ文中には「長崎ニ遊テ　機関学ヲ講シ　越前　紀州　雲州藩等　聘ニ応シテ其汽船ヲ運転シ　或ハ露艦ノ侵入ヲ聞テ対州ニ赴キ」とあって、長崎に滞在したことが明記されている（「行き路」）。

文中の「廿六歳」は万延元年にあたるから、これは記憶違いであろう。長崎に遊んで機関学を講じ云々とあるのも、対馬から帰ったのちに違いない。おそらく退蔵は対馬からの帰途、博多あたりで奉行たちの一行と別れ、長崎に赴いたのではあるまいか。そして箱館における学習、および箱館丸に乗組んだ経験を生かして、請われるままに操船の技法を教えたのであろう。出雲藩が八雲丸を購入したのは文久二年、越前藩は翌三年に黒龍丸を購入している。

駅逓制度を知る

また後年の談話を筆録した「帝国郵便創業事務余談」（以下「事務余談」と略記）によれば、文久三年に退蔵は長崎において、あらたに舶来された『米国連邦志略』という書物を閲読している。そして、その書中、米国における駅逓（郵便）の制度に触れた記述があるのに着目した。米国で「駅逓院長は水陸駅伝を掌（つかさど）る」という。

考ふるに米国に於ては　通信書の賃料は一切　官　之を定むるなり……何れの時か之を我国に採用し　以て余が希望を充（みた）し　併せて国民一般の便利をも　謀らんものを

何礼之助

と 心陰(ひそ)かに期する所ありき。

この前後であろう。長崎で伝道のかたわら英語を教えていたウィリアムズとも交際している。みずからの回想によれば、ウィリアムズに、米国の通信制度について問うた。制度の実態をウィリアムズは熟知していなかったが、その意義につき「通信は所謂(いわゆる) 血液にして 血管は即ち駅逓なり」と教えた。

さらにウィリアムズは封書の束を取り出し、その表面に貼付した「郵切手」を示して、これは連邦政府が定めた賃料の標章である、この標章を貼付した信書は、賃料なることを証明されて、国の内外を問わずに逓送配達される、と語った。このとき、すでに退蔵は、切手を貼った信書を見ていたわけである。

やがて文久三年も十一月となった。朝廷をはじめ、当時の天下をおおった攘夷(じょうい)の議論に押され、幕府は横浜の鎖港(さこう)を談判するため、遣欧使節を発することを決した。その通訳官を命ぜられたのが、長崎奉行所の英語稽古所において学頭をつとめていた何(か)礼之助(のち礼之)であった。この際、一名の従者を許された。このことを聞いた退蔵は「彼地(かの)に到らは止(とどま)るべき好機を見出(みいだ)すべきやとの空想に駆られ、何れ、何等の準備も無くして、其(その)従者たらんと請」うた(「自叙伝」)。

十二月、両名は福岡藩の船コロンビア号に乗って出帆したが、途中で汽罐の漏水など故障あり、江戸に着いたときは、使節団が出発したあとであった。使節団の横浜出帆は十二月二十九日であるから、両名の到着は年を越していたものと考えられる。すなわち元治元年（一八六四）である。両名はむなしく長崎へ戻った。欧洲行きは失敗したが、この間に退蔵は高名な英学者の知遇を得たのであった。

長崎に帰った何礼之助は、英語を学びたいと志望する者が多く、稽古所だけでは収容しきれないので、別に家塾を開いた。その塾長に、退蔵を推挙したのである。退蔵の実力を認めた結果に違いない。何みずからは多忙のため、授業することは少なかったが、米人フルベッキ（「自叙伝」ではウエルベッキ）らも授業に参加し、内容は充実していた。したがって塾生の数も、やがて三百名をこえるという盛況を示した。なお何礼之助と長崎における洋学、そのほか当時の前島については、大久保利謙氏の詳しい研究がある（『大久保利謙歴史著作集』第五巻「幕末維新の洋学」）。

はじめ退蔵は、何家に寄食していたようである。それは心苦しい限りであった。また塾生のなかにも、資力が足りなくて困難を感じている者が少なくないことを知った。そこで退蔵は、低額の費用ですむ合宿所を設けることが必要と考え、何の承諾をえて、培社(しゃ)と称する寄宿舎を開設した。その所長と、英学塾の塾長には旧知の瓜生寅(うりゅう)を依頼し、退蔵はもっぱら培社の経理を担当することになった。

培社は、禅宗寺院の空堂を借り受け、従僕一名をやとって炊事にあたらせた。しかし資力とぼしい者の集まりであり、一銭の寄付も期待できない。退蔵もまた、赤貧(せきひん)の身である。収支がつぐなわないのも、当然であった。そこで開設してから数日ののちには、退蔵も私物を売却して米屋の支払いにあてるという、みじめな有様となった。

このころ、ともに何礼之助の教えを受けた同僚に、徳島出身の医学生、高橋賢吉がいた。後年の芳川顕正(よしかわあきまさ)（一八四二―一九二〇）である。芳川は明治政府に仕えて累進し、大臣を歴任したが、二度目の逓信大臣をつとめていた明治三十五年に、前島は男爵を授けられる。これも、ふしぎな縁であったと言えよう。

薩摩藩より招請

そうした時、思いもかけぬことに、薩摩藩からの招請に接したのである。使者に立ったのは、培社の一員でもある藩士の鮫島誠造(さめしま)であった。ちなみに何塾には多数の薩摩藩士が学んでいた。鹿児島では、その人たちから退蔵の評判を聞き、白羽の矢を立てたのであろう。鮫島は、つぎのように談じた。

弊藩は近頃鹿児島に開成学校を開き、英学を主として生徒を教育せんと欲す。然る

> に其(その)教授及督学に任ずる人を得ざるに当惑せり。足下 幸に此(この)培社を捨て、鹿児島に来り 之に任ぜられよ。

退蔵は元来、学究をもって終生の業とすることを望んでいない。ことに英学はまだ未熟であったから、招請に応じられるような伎倆はないとして、固辞した。しかし鮫島は強く要請すること再三に及び、そして言った。

> 僕は君の志望と学量とを知り、適当の人なりと思惟して其運びを為し、当路も亦之(これ)を可としたれば、強請(きょうせい)せざるを得ず。併し決して長留を強(し)ひんとするものに非ず。一両年中には他より其(その)人を得べきにより、其時に至りて足下は何れに転ずるも、亦我藩人と為りて何処(いずこ)に遊学するも、君が欲する所に任ずべし。是れ予め要路者の明言する所なり。

鹿児島行を決意

ついに退蔵も心が動いた。はたしてその通りならば、一年ばかり過ごしても、進退の自由を失うわけではない。ことに薩摩藩には西郷や大久保のような俊傑が勢力を持って、藩政の方向を左右している。また小松帯刀(たてわき)らの国老は卓識を有して、彼らと呼応し、まさに将来ある雄藩といえよう。いま招請を受けるのも、自分の意図を達する一つの方法とも考えられる。そこで鹿児島に赴き、有志の説を聞いたり、また教えを受けよう、と決心した。何礼之（かれいし）の『公私日録』によれば、元治元年（一八六四）十月十七日に退蔵は、薩州の御雇（おやとい）になるとて、何塾を引取ったという（前掲、大久保氏の研究による）。

ところが、このときに及んで紀州藩から依頼があった。同藩は長崎で蒸気船明光丸（めいこうまる）を購入したが、機関士は新学生で、まかせるのは不安である。当人たちも、不安を感じている。そこで和歌山まで一往復の航海に、監督者として乗り組んでいただきたい、その報酬として若干の謝礼を呈する、というのである。退蔵としては、この申入れに応じたくはなかったが、培社の窮状を救うために苦慮していた折とて、やむなく応諾し、鹿児島行きを一ヵ月ばかり猶予してもらった。

十二月末、長崎に帰ってみると、培社に紛糾が起こって、瓦解しようとしている。瓜生の不始末によるものであった。さきに退蔵は、瓜生を福岡藩の飜訳者として周旋し、報酬のうち半額を前金として受取り、その幾分かを培社の経費にあてるよう約束していた。しかし瓜生は約束を守らず、培社の分を愛人に与えてしまったという。もはや瓜生ひとりでは、培社を維持することもできない。退蔵は二－三の者に後始末（あとしまつ）を口授し、培社の閉鎖を傍観させることにした。こうした出入りはあったが、退蔵は瓜生の文才を高く評価し、福井藩への復籍にも尽力した上、終生にわたる親交を結んでいる。

四　幕臣に列するまで

鹿児島で教授

慶応元年（一八六五）一月、退蔵は薩摩藩の汽船で鹿児島に赴いた。船中で西郷吉之助（隆盛、一八二七―七七）とも会ったが、波は高く、時間も少なく、時事を談ずるには至らなかった。鹿児島における待遇は、すこぶる鄭重であった。しかし開成学校の生徒は、日ましに増加し、とうてい一人では十分な授業もできなくなった。そこで長崎から培社の書生であった林謙三（のち安保清康、男爵、海軍中将）と橘恭平（のち神戸郵便局長）を呼び寄せ、助手とした。こうして退蔵は、ほぼ一年を鹿児島に過ごす。

ある日のこと、藩庁から、宝物を見せるにつき出仕せよ、との差紙（さしがみ）が来た。書院に出仕すると、藩の重臣たちが居ならんでいる。やがて恭（うやうや）しく大きな箱が持ち込まれた。しかも二重、三重になっている。最後の箱は、まことに立派な墨塗（すみぬり）の箱で、中から現われたのは一冊の大きな本であった。重臣のひとりが、おごそかに言いわたす。

「これは藩の宝物である。前年、君公が外国人より贈られた。君は洋学の教官であるから、特別の思召をもって、君公から拝観を許される」。よく見ると、ウエブスター辞典であった。この辞典は一八二八年刊であり、当時のわが国には少部数しか渡っていない。もちろん退蔵は、とっくに熟知しており、とくに珍重すべきものでもなかった。しかし薩摩藩としては、これさえあれば西洋のことは何でもわかる、と思いこんでおり、しかも体裁も大きいから、御家の重宝として扱っていたのであった。

しばらく暮らすうちに、退蔵は薩摩弁にも通じるようになった。そこで一日、生徒を集めて一場の演説を試みた。薩摩弁である。生徒たちは退蔵の顔を見て、微笑するばかり。演説を終えて、諸君は自分の説くところを領得したか、と問えば、みな一斉に「解(わか)り申さぬ」と答えた。退蔵は失望し、やはり一国には共通する言葉がなくてはならぬ、としみじみ感じたのであった（以上の二話「逸事録」）。

大久保との交歓

はじめ退蔵は、薩摩藩において客分の扱いであったが、やがて藩士の身分とされ、小(こ)姓組(しょうぐみ)に列せられた。ところで開成学校を監督する地位にあったのが、大久保一蔵（利通、一八三〇―七八）である。そこで大久保は、しばしば開成学校に臨席したが、何ぶんにも威厳を保ち、かつ寡黙(かもく)の人である。退蔵も、校務に関する事項のほか、語り合うということはなかった。

ある日、奈良原繁の家に招かれた。大久保も同席し、酒宴がたけなわとなって座が乱れ始めると、まっさきに大久保が泥酔する。そして、しきりに「キナハレ拳」を挑んだ。キナハレとは当時、京都の花柳界で流行していた遊びである。元来、退蔵には遊び心が乏しい。大久保の行状を目して、この人は見かけに似ない軽薄の男よ、えせ英雄ではあるまいか、と敬意を失ったのであった。

退蔵の性格として、敬意をもたぬ者とは交際するを欲しない。しかし、それからのち、現地の形勢を見聞すると、薩摩藩を領導しているのは、西郷と大久保との二人である。一藩の信望も、この二人に注がれている。この点から考えれば、やはり大久保は本当の英雄に違いない。こうして退蔵は、しだいに大久保を畏敬するようになった。

ある日、大久保の宅を訪問し、親しく歓談した。大久保は問うた。「君は航海学と機関学とを修めたと聞いているが、事実か。」

少々学んだのみ、と謙遜すると、机上の学問なのか、と畳みかける。そこで退蔵は、箱館丸というスクーナー船で両度、日本沿海を周遊したこと、越前藩や紀州藩の依頼によって、両地への航海に運転を掌ったこと、を答えた。いわく、

「そこじゃ、わが藩は、いまや海軍を建設しようとしておる。願わくは君、英学教授の余暇に、海軍の書物をしらべ、わが士官となって尽力せよ。」

「いや、余は海軍士官たるを欲せず。商船事業の世話役たらんと願う。海軍のことは、幕府も諸大名も、すでに留意しているが、商船の事業にはほとんど着目する者がない。これは士を尊び、商を卑しむの弊風によるものであろう。余は自らの力もはからず、旧弊を改めるため、商船事業の世話に当ろうと思う。」

「それは、いかなる世話をするというのか。」

「目下のような危険矮小の和船形を改め、堅牢利便の西洋形を採用し、また無知無頼の水夫を教育して、有識多技の海員を養成する、かかる世話を致したい。」

「今日の形勢では、開国か鎖国かの国論も定まらぬ。遠航貿易の如きは、もとより望めない。財政も困難であり、商船事業の改良など、どのように施したらよいのか。君の考えは、迂遠と言えよう。」

「たしかに迂遠ではあろう。しかし十年をまたずして、今の迂は変じ、時の急となるを信じている。商船事業が振興せねば、国富の興隆は期待できない。国富の興隆を謀らずしては、海軍を盛大にすることも、かなわぬであろう。」

大久保は、心中おだやかならぬ様子であったが、それでも「然り」と賛意は表した（「夢平閑話」）。

退蔵は、その所信を展開したのである。のちに大久保のもとにおいて、海運の振興に尽力することになるが、両者の因縁は早くも、ここに結ばれていた。

開港か鎖港か

こうして退蔵は、鹿児島に在留する間、小松帯刀らの国老から招かれることも数回に及んだ。城下の志士たちにも接して、ほぼ藩情を知った。そして薩摩藩の方針は、討幕に決したようだ、と察せられた。ここにおいて退蔵は考える。

薩摩藩における討幕の方針も、現状に照らせば、あえて否認すべきではなかろう。しかし、そのために大きな禍を招き、国家の存亡にかかわる患難をひきおこすことにもなりかねない。ここに至った原因は、開国か鎖国かの問題にある。

当時鎖港攘夷ハ輿論ニシテ実ニ強大ノ勢力ヲ成シ開港通信ノ事ヲ以テ痛ク幕府ヲ罪シタリシモ余ハ此見ニ反対シ（尊王ノ事ハ余モ亦素志ナリ）幕府ノ開港通信ヲ以テ止ムナキ政策トシテ施シタルハ条理ニ時運ニ国勢ニ就キ決シテ失当トナスヘカラス（「行き路」）

みずからの見解と、薩摩藩の大勢と、このように相反することを知った上は、鹿児島に在留することに対して、疑念を抱いたに違いない。しかし、すでに藩士としての身分を与えられている。

鹿児島を去る

たまたま故郷から、その兄が大病にかかったとの報知があった。二―三名の友人の手をへて、ようやく届けられたのである。「自叙伝」によれば「之を鳴らして辞退を請ひたり、然るに恰も英学生の江戸より来るに会しければ、何等異議なく許可され、且つ多大の金貨及び物品を下与せられたり」と述べる。また「行き路」にも「家兄ノ大患報スルヲ以テ固ク辞シテ郷ニ帰レリ」と記しているが、実情は必ずしも右記の通りではなかったようである。

すなわち「事務余談」によれば「同志と再遊を契りて鹿児島を辞し一旦越後に帰るに及び事故の為め直ちに鹿児島に赴く能はす」とあって、はっきり辞職を申し出たわけではない。兄の病気を知って、休暇をとったのであった。

それでも慶応元年十二月一日、鹿児島を出発するにあたっては、多数の生徒が三里さきの村まで送り、そこで再びさかんな宴を開き、とくに惜別(せきべつ)の歌をつくって合奏した。途中の船旅は順風に恵まれ、ところどころで梅花の咲きほこるさまを賞しながら、わずか四日で大坂に着いた。江戸に達したのは十二月十八日であった。まことに快速の旅行であり、当時としては従前になかったことと、みな祝ってくれた。

二十一日には郷里の下池部に帰った。すでに兄は死亡していた。その遺児、甥にあたる長一郎はまだ幼少である。のちに退蔵が引きとった。

すでに慶応二年（一八六六）である。退蔵も三十二歳となった。時に幕府は第二次長州遠征を進め、将軍家茂も上京している。しかし戦局は幕府に不利であり、この一月には薩摩藩も、長州藩との同盟にふみきった。

信書が不明になる

郷里に帰った退蔵は、もはや再び鹿児島に赴く気持を失った。そこで「陳情又は違約を謝する信書十数通を裁し　高田藩の飛脚に托して　江戸の薩摩藩邸に達し夫々転送の手数を請はんと　特別の手続　特別の手数料を以て　篤く依頼したるに　孰れも達せすして没了せられ」るという結果になった（「事務余談」）。

当時、おのおの藩地と江戸との間には、その藩の飛脚便が毎月一回以上、往復していた。そこで他の藩に通信しようとすれば、このたびの場合、高田から江戸の高田藩邸に信書を送り、そこから使者をたてて江戸の薩摩藩邸に届ける。そして薩摩藩の飛脚で鹿児島に送る、という手続をとらねばならなかった。その信書が、途中で行方不明となってしまったのである。

したがって薩摩藩では、違約を怒ったことも当然であろう。なかには退蔵を不義漢と罵(ののし)ったばかりでなく、あるいは幕府の探偵(たんてい)であったかと疑い、見つけ次第に斬殺(ざんさつ)すべし、と言い合った者もいた、という（『事務余談』）。

いっぽう退蔵は、再び江戸に出ようと考えた。開国の宿志を達するため、衰退の途をたどっている幕府に、あえて身を投じよう、と決意したのである。しかし「江戸ニ出ルヤ　彼レ是レ権門ニ奔走シ　素志ヲ吐露(とろ)シテ仕(つか)ヒヲ求メ　或ハ策ヲ進(すすむ)レトモ　却テ或ハ薩摩ノ間諜ナラメト思ハヌ嫌疑ヲ受ケタリ」という始末であった（『行き路』）。

大政奉還の論

こうした情況では、身をひそめて、時期の到来を待つほかはなかった。ときに旗本の平岡熙一(きいち)から招かれ、存念のほどを問われた。退蔵、答えて言う。

> 余は単に日本国の政府に仕えることを切望するのみ。幕府は衰勢にあるといえども、内は諸藩を統理するの形式を存し、外は一国を代表して主権者たる位置を保つ。すなわち日本国の中央政府なり。しかしながら歴史に徴するに、いまや正理公道に基いて、内外に対するに非ざれば、国家を維持し難し。故に忌憚(きたん)なく極言すれば、幕府は大政を奉還し、以て真正なる日本国の政府を建造せられんことを願うのみ。しかるに幕府の中枢は、その衰勢を挽回することに専心し、国情の如何を察せず、つ

いに君上の聡明を壅蔽す。よって自らの力を顧みず、幕府に臣事し、機を得て君上に拝接し、中外の状況、所論を陳述して、その聡明により、革新を断行せられんことを願う。これ、余の赤誠なり（「自叙伝」）

この時点において、退蔵が大政の奉還を論じていることは、注目すべきであろう。しかし平岡から見れば、幕臣でもない退蔵が、将軍に目通りを許されることなど、とうてい考えられない。そこで「まず幕府小臣の家を継いで臣列に入り、而して後漸次に陞進すること」のほか、方法がないことを説いた。同じような忠告は、他からも受けている。退蔵は去就に迷ったが、人事はすべて運命とさとって、時期を待つことにしたのであった。

前島家を相続

たまたま幕臣で京都見回組に属した前島錠次郎という者が死んだ。母ひとりを残し、後継がいない。前島家は譜代の御家人である。その家を絶やさぬため、退蔵に相続の話が持ちこまれた。退蔵は承諾し、幕法に従って仮親を立てた上、前島家を相続することになった。もちろん錠次郎の母も引取るわけである。

それが慶応二年の何月であったか。「行き路」には「此年九月 前島ノ家ヲ相続シ 名ヲ来輔トコソ変シタリ」と記す。「自叙伝」には「慶応二年三月、公然前島と称し、同時に或事故の為に来輔と改名し」とある。巻退蔵が幕臣の前島来輔となったのが、三月か九月かは、明らかでない。また、ある事故というのが、どのようなものであったかも判明しない。

さらに『幕府日記』（国立公文書館蔵）によれば、前島家の相続が公式に認められたのは十一月十日であった。この日の記録には、「前島錠次郎　養子『来助』」とあり、届け出は「来助」であった（橋本輝夫氏の調査による）。

居宅も牛込赤城下町に構えた。いまの新宿区赤城下町である。

結婚

妻のなか（仲子）と結婚したのも、この前後であったと考えられる。回想によれば「仲子は幕臣清水与一郎の女にして、十七、八才の時」来嫁したという。また後年、娘（高田夫人）は「母は……十八の時に父の所に嫁に」来た、と語っている。なかは大正六年（一九一七）八月三日、七十歳で死去した（したがって十八歳のときは慶応二年）。

それにしても来輔が、何ゆえに薩摩藩士の身分を捨て、しかも優遇を約束された将来をふり切って、幕臣の末席に甘んじたのか、ふしぎであった。とくに、かつての退蔵に期待することの大きかった大久保には、不可解であった。後年のことであるが、大久保は前島に問うている。

「君は逃げるように鹿児島を去り、幕臣となったが、どういうつもりだったのか。」

「それは、開国主義の臣僕となったのみ。」

「しからば君は、当時の薩摩、いや我らを以て、凡々頑々の鎖国攘夷の徒と同一視したのではないか。」

「いや、鎖攘家とは思っていない。しかし公然と開国を唱えた幕府とは、同一視することができなかった。」

「そうでもあろう。しかし薩摩は有謀の開国者にて、幕府は無暴の開国者だったのではないか。」

「まことに然り。けれども野人は愚鈍にして、裏面の事情を知らず。ただ表面のみを見て開国の正理に感じ、これがために、いささか微力をいたさんと欲して、心ひそかに誓うところがあった。しかも幕府は、開国のために倒れんとする危きに瀕している。よって不利を知りつつも、幕臣となって、幕府に殉じようと決意したのである。」(「夢平閑話」)

大久保も、ようやく納得したらしい。ともあれ来輔は、直情の男であった。正理を尊んだ。薩藩の士となって栄達することを望まず、日本国の将来を考え、ささやかであっても、その柱石の一つになろうと、身を挺したのであった。

さて、いまや幕臣の前島来輔は、妻も迎え、養母ともども、牛込に居宅を構えて住んだ。幕臣となっても、非役である。また身辺の危険も感じられたので、友人たちの忠告も入れ、しばらく門を閉じて、読書にふけった。

やがて近隣の子弟から頼みこまれ、英書や漢書の読み書きを教えることになった。入門した者のなかに星亨（一八五〇―一九〇一）がいた。当時、亨は十六歳で、幕臣小泉家の養子になっている。学力は群をぬいていたが、傲岸な性格もきわだっていた。それやこれやで、養家との間に葛藤を生じ、来輔の心をこめた周旋にもかかわらず、ついに離縁となった。その人が、のちに逓信大臣をつとめる。

開成所に出仕

このころ一橋御門外に、幕府の教育機関である開成所があった。安政四年一月に開設された蕃書調所が、文久二年五月に洋書調所と改称され、さらに翌三年八月、組織を拡充して開成所と改称したものである。元治元年十一月には欧米の学校にならって学則を制定し、蘭英仏独露の五ヵ国語と、天文・地理・数学・物産などの諸教科が設けられた。なお、この開成所が、明治には開成学校となり、大学校、大学南校などをへて、のちの東京大学へと発展する。

さて来輔は、開成所頭取の松本寿太夫から誘いを受け、その反訳筆記方に出仕することとなった。松本は、来輔の学殖を認め、読み書きを教えるのみで日を過ごすことを惜しんだ。たまたま反訳筆記方に欠員を生じたので、来輔を招いたのである。その仕事は、教授たちが欧文を翻訳したとき、その訳文を修正しつつ筆記するに過ぎず、俸給も少額であったが、やがて要職につく足がかりになる、と期待されたのであった。

漢字廃止の議

すでに来輔は、漢学をはじめ、蘭学や英学に通じている。その生涯を通じて、さかんに漢詩もつくったが、早くから漢字漢文を学ぶことによる時間と労力の浪費を憂慮していた。西洋諸国のように音標文字を用いれば、学理の修得もはるかに容易となる、というわけである。よって漢字を廃止し、国字である仮名を常用すべきである、との見解に達した。

こうした考えは、文久の末年には表明するに至っている。そのころ来輔は長崎にいた。そこで何礼之や、同僚である瓜生寅、青江秀らに談じた。鹿児島にいたころには、重野安繹（歴史学者、のち東大教授）らに謀った。しかし賛成したのは、青江だけであったという。この青江が、のちに明治政府で前島の片腕となって協力する。

さて幕府においては、この慶応二年七月、将軍家茂が大坂城中で薨じた。八月には一橋慶喜が徳川宗家を相続し、十二月五日、第十五代将軍に就任した。

そこで来輔は、松本頭取を通じて、将軍慶喜に「漢字御廃止之議」を上書したのである。すこぶる長文であるから、全文を掲げることは避け、要旨のみを摘録しておこう。すなわち曰く――

「国家の大本は国民の教育にあり、その教育は士民を論ぜず、あまねく国民に施し、普及させるにはなるべく簡易なる文字文章を用いなければならぬ。」

「すべて学問は、その真理を理解することにある。そのためには、わが国においても、西洋諸国のごとく音符字（仮名）を用いて教育し、漢字を用いることなく、ついには日常の文章にも漢字の使用を廃止するように致したい。」

このように論じ、さまざまの具体例を示して、漢字漢文を常用するための弊害を述べ立てた。全文を読めば、当時の来輔が国語国字問題に関して、いかに深い造詣と高い見識を有していたか、うかがうことができよう。ともあれ幕末という時期に、ひとりの若い先覚者によって、国字改良の意見は提出されていたのであった。もちろん幕閣が、こうした建議に関心を示した形跡はない。

こえて慶応三年五月、来輔は開成所の数学教授に任ぜられた。開成所教授といえば、のちの帝国大学教授にも相当する。たいへんな抜擢であり、大きな名誉に違いなかったが、内示を受けた来輔は、辞退したいと松本頭取に申し出た。次に述べるとおり、すでに来輔は兵庫に赴くことを決めていたからである。しかし開成所の任命は、松本が来輔のため、骨折って斡旋したものであり、かつ、この任命を受けることは将来にとって大いに有利であると、こまごま説得された。よって来輔も、その懇情にこたえ、ともかく拝命したのであった。

しかし来輔は、あくまでも兵庫への希望を捨てなかった。兵庫の開港については、朝廷側の反対が強く、久しく実現が遅れていた。ところが攘夷論者であった孝明天皇は二年十二月に崩御され、三年一月九日には明治天皇が立った。折りから外国公使たちも、兵庫開港を幕府に督促する。ついに将軍慶喜は三月末、勅許のないまま、兵庫の開港を公使たちに約束した。開港となって、七月には兵庫奉行が置かれる(再置)。新しい奉行は、外国奉行から大坂町奉行に転じていた柴田日向守剛中が兼帯することになった。開港の勅許は、五月二十四日に下された。

兵庫の開港が近いと聞いて、来輔は奉行所に勤務することを希望した。来輔みずから反省するに、その性質は決して粗笨ではないという自信はあるが、ややもすれば血気に駆られて過大の行動をとる。また対外のことを論じても、その大綱を大まかに知るのみ、実情をくわしく理解しているわけではない。もし兵庫の開港に際して、その地の吏員となることができれば、たとえ地位は低くとも、外交の事務に通じて、四通八達の伎倆をあらわし、将来の進路を開くことができるであろう。

こう考えて、柴田に懇談し、その一員となりたい旨を願い出た。しかし柴田は言う。定員はすでに充ちている。ことに開成所教授の位置に擬せられるほどの人材に、それなりの地位を用意することは、とうてい不可能である。

しかし来輔は食い下がった。無位地、無俸給でも、かまわない。奉行の手附役(てつけやく)として兵庫に赴任できれば、それで十分である。

兵庫に赴任

それほどに思っているならば、ということで内約ができたのであった。したがって八月には教授を辞し、奉行手附となる。すでに七月には、兵庫奉行所が設けられていた。赴任にあたっては、税関のお傭い英人シイルと、御用船に同乗するよう命じられた。シイルと同船し、親しくなったことにより、来輔は税関および保税倉庫の事務につき、くわしく教わることができた。のちに税関掛をつとめたとき、この知識が大いに役立つことになるのである。

兵庫における来輔は、居留地規則を翻訳して、たちまち頭角をあらわした。組頭の森山栄之助から、これは本務ではないが、できるならば三－四日の間に訳してもらいたい、と頼まれたのを、期日以前に訳出してしまったのである。森山からは、俗務においても老吏（ろうり）より敏捷（びんしょう）である、と賞賛された。このことがあって、来輔は同僚たちから敬意の目で見られるようになった。

しかし来輔は、柴田奉行には気に入られなかった。というのも来輔は、兵庫に来ると、ひまさえあれば明石海峡や由良海峡（淡摂および紀淡）の地形を論じ、あるいは摂津の海岸に建造中の砲台について、あるいは勝海舟がつくった神戸の海軍操練所（元治元年設、慶応元年廃）について、設置の当否などを大声で論じ立てた。それは俗吏がとやかく言うべきことではないと、奉行は喜ばないのであった。

やがて奉行は来輔を呼び、手附の役は必要ない故、廃すると言う。ところで定役（じょうやく）に欠員はあるが、低級の地位で来輔にはふさわしくない。として暗（あん）に江戸へ帰れと示唆（しさ）した。しかし来輔は、低い地位とて厭わぬ、自分の望みは細かい事務に通じ、この開港場で未知の知識を得ることにある、と述べ、あえて定役の欠員にあてられることを望んだ。奉行も、承諾せざるを得ない。

これより来輔は、税関および保税倉庫の事務を、あたかも長官のように処理していった。もはや奉行も、黙認した。来輔としては、過激粗暴の志士たちに伍することなく、迂遠の道ではあっても、一歩ごと踏みしめてゆき、統一国家の形成という理想を実現に導きたい、と期していたのであった。

領地削減の議

慶応三年十月十四日、将軍慶喜は大政奉還の上表を朝廷に捧げた。朝廷のもとに政権を統一することは、かねてから来輔が主張していたところである。しかし今後、朝廷が大政を処理し、内外に対して政府の体面を保持する経費は、巨額に達するであろう。そのためには幕府の所領の幾分かを、朝廷に還納することが肝要と考えられる。すなわち幕府の「領地削減の議の之に伴わざるを見て、頗る疑念を懐」いたのである(「自叙伝」)。

ここに来輔は、その意見を記して、将軍に建言しようと思い立った。しかし当時、建白の書が将軍に達するということは容易でない。さらに、そのような論議は、幕閣が最も厭悪する所である。建言は上達せられぬばかりでなく、あるいは罪に問われて、重刑に処せられることも覚悟せねばならない。

しかし事すでに、ここに至る。何ぞ「万死を恐れんや」と決心し、ついに領地削減の議を上書するに至った。この書が上達されたかどうか、来輔の知るところではない。た

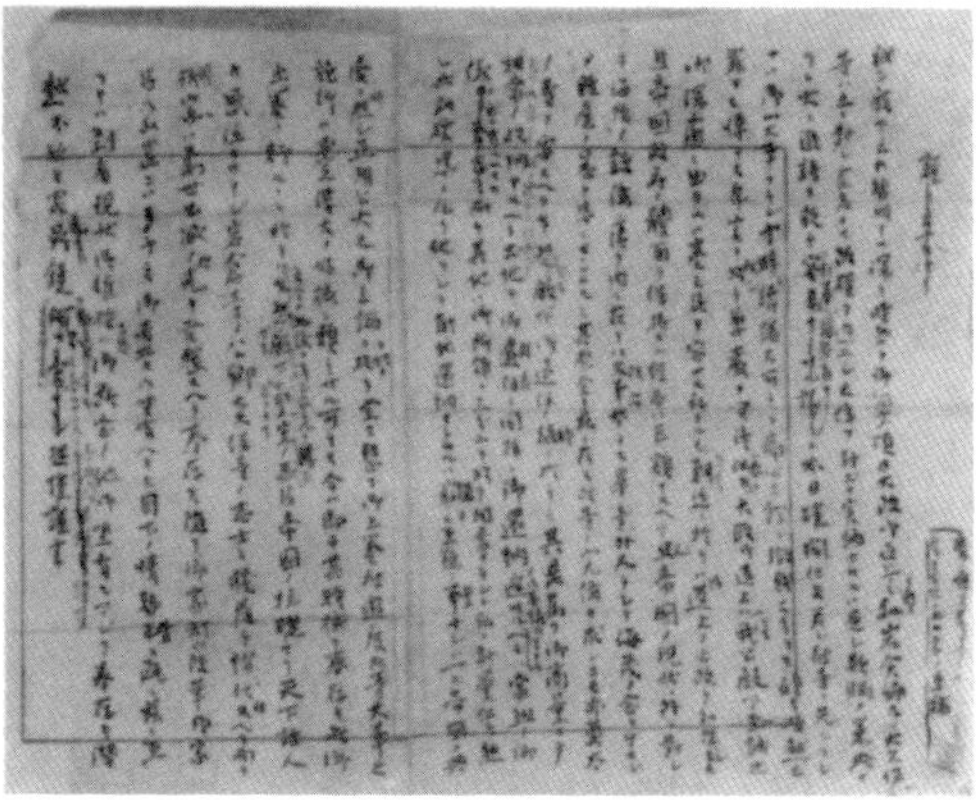

「領地削減の議」草案

だ当時における決死の志を子孫に示しておこうと考え、草稿を手許に残しておいた。久しく忘れ去っていたが大正四年（一九一五）に至り、妻のなかが偶然、古紙の中から発見し、驚喜したのであった。その全文は「自叙伝」に収録されている。

上書のなかで、来輔は主張している。すなわち将軍は、辞表と同時に所領の還納を奏議あるは「当然の御儀」あり、かつ「今は其時機」と存ずる。この上奏あって「方今の物議を消し、安危を転じ」、将軍は皇室の忠臣、帝国の柱礎となるであろう。そして徳川の「御家は万世不滅の御光を発す」ると存ずる。目下の情勢「茲に到りては、現状御維持は御断念」のほかはございますまい、と。

政局は一変

案じていた通り、十二月九日、王政復古の大号令が発せられ、いわゆる小御所会議によって、慶喜に辞官・納地が命じられた。この事態を来輔は、京都からの来信で知った。薩長が連合して、慶喜討伐の一戦に決した、とも伝えられた。

慶応四年（明治元年）正月元日、来輔は兵庫奉行支配調役に昇任し、飜訳方を兼務し、これに対する別俸を給する、と達せられた。同僚その他、この抜擢は当然であろうと言ってくれたが、元日の任命とは非常のことと驚いた。来輔もまた世情の切迫を知り、はなはだしく不安を感じたのである。

一月三日の夜、伏見の方向に煙が上がっているのが望見された。町の人びとも何ごとか、と怪しんでいる。四日に至り、戦いがあったとの情報が伝えられた。その後は一報ごとに、幕府軍の敗北が伝えられる。ついに慶喜まで、大坂城を脱して江戸へ向かったと。いうまでもなく鳥羽伏見の戦いであった。

江戸に退去

兵庫奉行も、部下一同を率いて江戸に退去すると命達した。来輔は四日以後、税関に詰めきって残務を整理し、税関および倉庫を引渡す際に、いささかも遺漏（いろう）ないよう心がけた。宿舎に帰ることもできなかったから、退去のときは辞書と官用簿のほかは、何も携帯しなかった。しかし指定の英国船に乗ったところ、私物の一切をはじめ、年賀の餅や酒の類に至るまで、ことごとく搭載されている。宿舎の主人や学生たちの配慮によるものであった。奉行たちは、いずれも私物を積みこもうとして、小舟をやとったのだが、思うようにならず、海辺や宿舎に残された荷物が、盗み出されたり、奪われたりしたという。

こうして江戸に帰る日のことであったか、新しく兵庫奉行に任ぜられた（正月十七日付）岡崎藤左衛門が、来輔を呼んで言った。

「貴殿は神戸において名声が最も高い。もし奉行所に残ってくれるならば、最高の位置をもって待遇しよう。」

来輔は答えた。「自分はまだ何らの命令も受けていないから、なお兵庫奉行の部下という身分であろう。しかし将軍はすでに大政を返上し、戦い敗れて東帰された。もはや奉行を任命する権限はない。もし強引に任命しても、外国公使が承認しないであろう。神戸は外交の要所であるから、朝廷は必ずや全権の者を任命するであろうし、幕府が神戸を奪取して朝廷と争うのでなければ、兵庫奉行は空名である。どうか、わが君公が天下の笑い者とならぬよう、心して頂きたい。」

兵庫奉行が、こうして消滅することとなったのは、いうまでもない。

五　維新の変動に処し

恭順論を堅持

慶応四年（一八六八）一月十一日、来輔の一行は江戸に帰着した（「行き路」）。この日の夜、慶喜の一行を乗せた開陽丸も品川沖に達し、翌十二日、慶喜は江戸城に入った。朝敵の名を帯びた慶喜は、これより恭順の姿勢をとり、二月には江戸城を出て、上野寛永寺の大慈院に引きこもり、謹慎を続ける。

時に江戸においては「物議恟然（きょうぜん）守戦恭順紛々トシテ麻（あさ）ノ如クニ乱レ」ていた（「行き路」）。すでに来輔は確固たる信念を持するに至っている。事ここに及んだ以上、幕府側はひたすら恭順して、尊王憂国の至誠を示すほかに、道はない。もし「再戦反抗の事あらば、独り徳川家のみならず、日本の安危も未だ知るべからず。…仏国の後援は頼む可（べ）からず。強ひ（し）て頼むあらば内戦に利ありとするも、外交上の損害測るべからず」という次第であった（「自叙伝」）。

当時の幕臣のなかで、これだけの見識を持った者が、どれほど存在したであろうか。

再三にわたって、ほぼ全国を陸上と海上とから周遊し、さらには長崎において英学の学習を積んだ来輔であったからこそ、国際的な視野に立って、幕府および日本国の進むべき道を洞察することができたのである。同じような見識を備えていた幕臣としては、勝海舟を挙げることができよう。勝もまた明敏の士であり、早くから薩長土の志士と交遊を結んでいる。しかし勝は、同じく俊英の来輔と、いわゆる反りが合わなかったようである。のちの話になるが、薩摩の小松帯刀が、勝に向かって、なぜ来輔が鹿児島を去り、幕府に仕えるようになったのか、と尋ねた。すると勝は「なあに、前島は俸禄の多いほうを択んだだけさ」と答えたという（『夢平閑話』）。一座の冗談としても、好意は感じられない。

同じ見識を抱きながら、来輔は勝海舟と行動を共にすることができなかった。ここで来輔は、開明派として知られ「剛毅にして明識」ある小栗上野介忠順を訪ねた。自説を開陳し始めたところ、小栗は声を励まし、叱咤していう。

我は素より朝廷に逆ふに非ず、唯薩長の奸臣を誅戮せんと欲するのみ。我は信ず、東北の軍は西南の兵を圧するに足り、彼の船は我海軍の敵に非ず。海陸合して討伐せば、之を破るは容易なり。汝　外患を云々すれども、仏国は　已に後援を明言せり。

兵器と財政とは憂ふるを須ひず。（「自叙伝」）

語調きわめて猛烈であり、来輔が反論しようと、すこし唇を動かし始めるや、座を蹴って去ってしまった。

関口艮輔

小栗にして、かくの如しである。この上は慶喜に上書するほかはない、と決意したものの、新来しかも微臣の言では取上げてもらえないであろう。有力な幕臣との連署ならばと思い立ち、それには山岡鉄太郎（鉄舟）に依頼するのが捷径と考えた。それにしても紹介が必要である。そこで旧知の関口艮輔（隆吉）に斡旋を頼もうと訪れた。関口は、かつて攘夷を唱え、勝海舟を襲ったこともある。

ときに関口は病床にあった。しかも来輔の語をきいて感憤し、方途を述べた。「山岡を頼っても、また別の人に相談するだろうから、時日を要するだろう。ちょうど今日は、江戸にいる諸侯の老臣たちが開成所に集まり、その進退について相談している。明日もまた会合すると聞いているから、そこに出むいて議論し、同意を求めよう。諸侯たちが連合して、上書することにすればよいではないか。」

翌日、開成所におもむいた関口の姿を見れば、病を冒して沐浴し、下に白衣を着して、名香を髻のなかに挿している。いわく、余は本日をもって死期と決した。この上言が聴許されぬときは、君前に死するのみ。その準備をしてきた。

しかも当日、開成所における紹介者は来輔であり、関口には決死の部下が同伴している。開成所の職員は不穏を感じて、応接しようとしない。さらに会合は停止されて、ひとりの老臣も出席しない。むなしく引返すほかはなかった。

官軍迎接使

二月になった。来輔は勘定格徒目附（かちめつけ）に任ぜられ、ただちに目附役平岡熙一に属して、官軍迎接役として東海道に出張するよう命ぜられた。出張の目的を問うと、官軍は箱根に兵を留めてもらい、寛大の処分ありたしと請願することだという。つまり旗本の士卒は憤慨はなはだしく、君命といえども服さない者が多い。もし官軍が箱根を越せば、不穏の情勢になる恐れがある。そうなれば慶喜の謹慎恭順も無効に帰して、その罪も重くなるばかりか、江戸市民の惨状も測り知れないことになろう。そのために請願する、というのだが、来輔は納得できない。

およそ征討とは、敵城を屠（ほふ）り、敵将を捕らえ、その後に処分するのが常道である。敵が罪に伏した実証を見ずに降伏をゆるし、撤兵するが如きは、老婆が幼児をこらすようなもので、無効である。かつて聞いたところによれば、征長の際、幕府が長州藩領に兵を入れずして降伏をゆるしたのは、失策であると、西郷は痛罵したという。いま、その人が参謀である。こんな請願を認めるわけがない。どうか、この際は方針を改め、君公に忠言を呈していただきたい。

すなわち群臣を城下の広場に召集し、君公みずから赤心を披瀝して大義を説かれるのである。今日の大勢は、挙国一致して朝命を奉ずるのほかはない。しからば激昂の情を沈静し、野を清め、城を開いて、錦旗を迎える準備をなせ、と。

すると平岡は、涙を浮かべながら言うのである。

「それは、もっともであるが、そのために時日を費しては元も子もなくなる。自分はすでに命を受けたのだ。決死の覚悟で従わねばならぬ。願わくは君も、友誼をすてず、余をたすけて徳川家のために尽してくれまいか。」

そこで来輔も思い直した。「事態はすでに切迫している。自分の議論の如きは、書生の空言に近いであろう。この際は進んで西郷らに面接し、君公の恭順悔悟の状を述べ、真情実旨を明らかにすれば、あるいは効果を期待できるかも知れぬ。」

ところが翌朝、小田原に到達すると、すでに征東軍の先鋒は大村藩の兵をもって、そこに関門を設けており、前進することができない。そのまま、むなしく江戸に帰るほかはなかった。

江戸遷都の議

このころから、東北の形勢は日を追うて不穏との情報が、しきりに伝えられている。東北が動けば、内憂外患はいよいよ大きくなるであろう。何とか鎮静にみちびく方策はないか、と思案している最中、たまたま大久保一蔵（利通）の遷都論に接した。この正月、大久保は、大坂に遷都すべしとの論を建議したのである。

これを読んで、来輔は感嘆した。しかし遷都地を大坂と指定したことには承服できない。遷都するならば、江戸でなければならぬ、と考えたのである。そこで建言書を草し、大久保に面接して呈示しようと、方策を練った。征東の軍が迫っている時である。いかに大久保が旧知だとはいえ、幕臣の身をもって遷都を論ずるなど、正気の沙汰ではなかった。ましてや建言書を大久保に届けようという。

もちろん東海道は塞（ふさ）がっている。江戸の飛脚便も、すでに通じていない。建言書を送る手だてもなく、慨歎して数日を過ごした。たまたま英国公使パークスが国書を捧呈するため、大坂へおもむくという情報を得た。渡りに船と、友人の紹介によって通訳官サトーに会い、その斡旋によって、パークスの通訳に加えてもらい、英国艦に乗って大坂に達することができた。

しかしパークスの大坂滞在は、数日に過ぎない。大久保は京都にいるので、訪問して面接する機会は得られそうもない。やむを得ず、携帯してきた建言書を封緘し、使者を立てて大久保のもとに届けさせた。その書が大久保に達したかどうか、当時の来輔には知る由もなかった。

後年になって判明するが、たしかに大久保は「江戸寒士 前島来輔」なる者が投じた建言書を手中にしたのである。それを読んで、大いに感銘を受けた。やがて天皇の江戸行幸、そして遷都は実現するが、来輔の建言がどれほどの影響を及ぼしたか、明らかでない。しかし大久保は、前島来輔が、かつての巻退蔵であるとは、思い至らなかった。それでも印象が強かったからであろう、その氏名は後年まで、はっきり記憶していたのである。

宮島誠一郎

その後、四月のある日、米沢藩士の宮島誠一郎が、関口艮輔の紹介状を持って来輔のもとを訪れた。いまや朝廷は奥羽征討の軍を起そうとしている。これに対し奥羽二十三藩は、連盟して朝廷に上奏、陳情しようと試みた。その使者に、宮島は選ばれたのである。しかし江戸から西方の各地には関門が設けられ、容易に通行はできない。仙台藩の使者は陸路をとるというが、京都に達することはできないであろう。宮島は海路をとるつもりだが、横浜に行くことも、ましてや神戸から入京することも、尋常では無理と考えられる。そこで来輔に助力を求めてきたのであった。その使命には、同情に価いするものがある。しかし、きわめて危険が大きく、事は極秘のうちに運ばねばならない。

ここに一つの詭計を思いついた。さきに英国公使に従って大坂へおもむいたとき、公使館から通行鑑札を二枚与えられている。一枚は記名、一枚は予備として無記名であった。それを宮島に与え、神戸までの航行に便宜をはかった。さらに神戸の英国領事館にいる友人に書状をしたため、その弟に変装して京都に潜入できるよう、とりはからった（『逸事録』）。

おかげで宮島は入京し、戦争防止のための和平工作に奔走することができたのである。のち宮島は新政府に出仕し、晩年は貴族院議員に列した。そうして明治四十四年に死去するまで、前島を恩人として忘れることがなかった。

四月十一日、江戸は無事に開城し、慶喜は水戸に退去した。しかし、これを不満とする幕臣は、彰義隊を結成して上野の山に立てこもり、あくまで反抗の気勢をあげている。五月なかばに至り、大和国多武峯（とうのみね）竹林房の大僧正赤松光映が、徳川家の再興を謀ろうとして江戸に出てきた。上野の大僧正覚王院義観を通じ、来輔を招いて頼みこむ。

「余は彰義隊を助けたいと思うが、残念ながら兵力は少なく、名将もいない。聞くところによれば、長岡藩は徳川家に対して臣節を守り、重臣に河合継之助という豪傑がいて、西軍に抗戦せんとしていると。しかし、それは下策と考える。江戸に出兵して彰義隊と合同し、西軍の首脳を打破することが上策である。足下は越後出身の縁をもって長岡に出むき、この旨を説得してもらえまいか。」

その頑迷に、来輔は驚いた。しかし、その狂熱は一朝にして覚醒できるものではない。むしろ、この機会を逆用して河合らに面接し、順逆の理を説いて、北越の安寧、また奥羽の平和を導こうと考えた。よって、輪王寺宮から長岡藩主にあてた令旨（手紙）を賜わるよう、斡旋されたい、と答えたのである。

そのあとで来輔は、さきに長岡を脱藩した菅沼行蔵を訪うたところ、官軍は明暁を期して彰義隊を討伐することに決したという。真否を確かめようとして官軍の状況を視察すれば、はたして土塁を築き、砲を備え、警備をいかめしくしている。もはや長岡行きの話も、立ち消えになるであろうとさとった。

翌朝、すなわち五月十五日、上野の方面に殷々たる砲声が聞こえた。来輔は戦況を見ようと、商人に変装し、本郷台まで至った。途中、官軍士官の検閲にあったが、来輔の応答には漢語が多い、また態度も商人らしくないと怪しまれた。それでも武器をいっさい所持していないため、殺害をまぬがれたのであった。

江戸の市中が鎮静に帰して、五月二十四日、田安亀之助（家達）に徳川宗家の相続をゆるし、駿府（静岡）に封じて七十万石を賜わる、との朝命が達せられた。これより幕臣の一部は静岡に移ったが、その他の多くは無禄無職のまま放り出された。来輔もまた、一介の浪士となった。

これよりさき、大鳥圭介は旧幕兵を率いて脱走しようとし、その準備も整ったと伝えられた。かつて来輔は、大鳥から洋書の指導を受けたことがあり、その非凡な才能を高く評価していた。今に及んで抗戦するとは、無暴の挙である。来輔は大鳥の衛所におもむき、真心をこめて諫言した。

「朝廷はすでに開国をもって国是とし、慶喜公も恭順をつづけている。これより努めねばならぬことは外交である。しかし君のように欧文に通じ、達識ある者は、幾人あるだろうか。願わくは、大いに活眼を開き、日本国の形勢を洞察して、天職を全うせられたい。」

しかし大鳥は目下の情勢に興奮しており、来輔を徳川の賊臣と見なした。しかも部下に命じ、危害を加えようとする有様であった。これより大鳥は、関東北部から奥羽に転戦し、やがて榎本の脱走艦隊に投じて蝦夷地に至る。

榎本釜次郎

榎本釜次郎（武揚）は幕府艦船の引渡しを拒み、八月には、これを率いて北走しようとしていた。来輔は、榎本にも面会を求めて帰順を勧めた。

「いま本邦にもっとも乏しいのは、海軍の艦船である。しかも海軍の練修を実習した真の士官にも乏しい。もし君らが艦船を奪って脱走すれば、わが国は海岸の防備が皆無となるであろう。どうか冷静に考慮を致し、この艦船を朝廷に納め、勝氏と協力して、海国防備に力を尽くして頂きたい。これこそ君の天職である。」

しかし榎本は傲然として聞き入れず、来輔を賊臣と呼んで、その殺害をはかるに及んだ。この榎本も、また大鳥も、やがて蝦夷地に走り、五稜郭にこもって抗戦を続けたが、明治二年五月には降伏した。のちに両名とも赦され、新政府に仕えて栄達する。とくに榎本は、最初の内閣に逓信大臣となり、その次官に前島を招請するのである。

駿河藩に出仕

さて浪人となった来輔は、商業に従事しようかと考えた。幸いに英語を解する。さらに上達し、英語を資本として外国商人との間に周旋すれば、自家の資産をつくるとともに、国富を興す上に貢献することもできるであろう。もとより来輔は、商行為を賤しいとは考えていない。ところで商業を営むには、神戸がよい。数年を経ぬ間に貿易の繁栄する町となるであろう。そこで神戸に移住しようと思いたって、支度を始めた。

しかし、また思い直す。いったん商人となれば、知らず知らずの間に私利をむさぼることに傾き、国利をはかる志は二の次になるであろう。どうも自分の性分としては、あくせくと商売に没頭することを好まない。やはり中央政府の役人になるのでなければ、宿志を貫くことができぬのではあるまいか。

思い悩んでいる時に、関口艮輔が勝海舟からの伝言をもたらした。

「藩老は本日、足下を挙げて駿河藩留守居役に任じた。慎んで受けるように。」

ここにおいて来輔は、また考えた。藩主亀之助公は幼弱（五歳）であり、しかも藩内の事情はきわめて多端である。いま、異常な抜擢（ばってき）をこうむりながら、辞去して受けない場合は、士道に背くものであろう。自分の志望については、おもむろに道を開いてゆけばよい。ついに決心して、任命に従った。

こうして七月、駿河藩留守居添役（そえやく）に、ついで留守居役に任ぜられ、静岡におもむいた。やがて留守居役が廃されたのにともない、公用人となる。その間に、江戸は東京と改められ、九月八日には明治と改元された。

さて来輔の仕事は、あらたに藩士として抱えた旧幕の旗本や御家人の処置、また藩の経営事務など、多岐にわたっていた。東京には征東大総督府の政庁として鎮将府が置かれている。ある日、鎮将府は係官を派遣し、藩の内政について究問するところがあった。このとき藩を代表して応待したのが、井上八郎である。差添として、来輔も同席した。駿河藩においては、多数の幕臣を抱えこんでおり、その処分がはかどらない。これは老臣たちが朝命を重視しないため、と考えられる。「至急、期日を定めて上申せよ。期日に違うことあれば、厳重の御沙汰があろう。」

こうした叱責に対し、井上は恐懼の姿勢をくずさず、ただ畏まって受けたまま引下がろうとした。そこで来輔は進み出て、実情を述べ立てた。

「これは決して老臣どもの因循ではない。幕臣たちは数代にわたり君臣の情誼あり、単に厳命を下して追払うごとき、無情の処分をなすに忍びない。帰農など、他職に転じようとするにも、急には資金が得られず、無禄でも藩主に陪従しようとする者は、家屋を売却せんとして買い手を待ち、こうして日を送っている。願わくは実情を察せられよ。急速の処分については、後見の田安中納言（慶頼）はじめ、老臣一同の苦心惨憺する所である。」

これを聞いて係官は同情の色を見せ、黙って退出した。ところが井上は、詰所に帰るや、満面に怒気をはらみ、刀を撫しつつ、「足下は朝官の前にて喋々の弁をなし、我を侮辱した、痛恨して余りある、いまや御差違い致そう」、と脅迫する。

井上は幕末に歩兵奉行をつとめ、千葉周作門下の剣客である。いっぽう来輔は武士の身分ではあっても、軟骨の書生に過ぎない。いったんは死を覚悟したが、翻然と悟るところあり、気をしずめて説いた。

「今日の事は君家の公事なれば、私情をさしはさむべきでない。いま互いに血を流せば、鎮将府の聞こえもはばかられ、藩公にも迷惑を及ぼそう。よって藩邸に帰り、有司の立会いを請うて事由の当否を正し、余に非ありとなれば、余のみ屠腹すれば足りよう。」

さすがに井上も刀をおさめて退去した。来輔は藩邸に帰って、大久保一翁らの重臣に事の次第を報告したところ、一同は、まさしく廉頗、藺相如の故事（中国、戦国時代の故事）再現だ、と称して喝采した。その後、井上は重臣に対し、来輔の挙動を称賛したという。両名は長く知己となった。

徳川家達の拝謁

十月十三日、天皇は東幸して東京に着き、江戸城を皇居と定めて、東京城と改称した。これより十二月八日まで、天皇は東京城に滞在する。

その間の十一月十日、天皇は徳川家達に拝謁を賜わった。家達は駿府から東京城へ参向し、幼少（五歳）のため、実父の田安慶頼が後見者として随伴した。公用人の来輔も、供の列に加わった。西の丸大手門の外で駕籠をおり、父の手にすがって城内に進んだ家達は、城を仰ぎ見て「父上、これはどなたのおうちでありますか」と尋ねた。慶頼は無言で涙ぐんだ。徳川の世が続いていれば、当人こそ城主たるべき江戸城である。来輔をはじめ、つき従った旧幕臣たちも、みな胸ふさがる思いであった。とくに来輔は、かつて江戸遷都を唱え、そのなかで宮闕（皇居）は江戸城を当てるがよい、と説いている。その江戸城に天皇が坐し、徳川の幼主が参向する姿を目のあたりにして、断腸の感をいだいた（「逸事録」）。

なお天皇は十二月八日、東京を発して、いったん京都に遷幸したが、翌二年三月、再び京都を発して、二十八日に東京城へ入る。ここに事実上の東京遷都が行なわれたのであり、太政官もまた東京に移った。

遠州中泉奉行

二年一月、来輔は遠州中泉奉行に任ぜられた。この職は遠州副奉行とも称し、駿河藩における重職の一つであった。そもそも中泉の地は、古く徳川家康が陣屋を設けた要地であり、奉行は「天龍川ニ沿テ海岸ヨリ信濃境ニ至ルマテ八万石許ノ土地人民ヲ支配」

する（「行き路」）。そこに藩は、江戸から移住してくる無禄の士族（旧幕臣）七百戸余りの人びとを収容しようとしたのであった。その奉行となったのであるから、来輔にとっては名誉に違いない。しかし現実には、すこぶる苦心を要する職務であった。

当時まで、中泉には代官が駐在していた。周囲の住民は、ことごとく農民である。武家の住居としては、代官所に接する一軒のほか、属吏の住居が数軒あるに過ぎない。七百余戸の士族を収容するに足る家屋は、一軒もなかった。

そこで来輔は三月に赴任すると、土地の長老たちを招いて説得をこころみた。

「ここに移住してくる士族は、みな徳川家の赤誠ある家臣たちである。それ故にこそ、朝廷から給与を受けることを喜ばず、旧幕臣たる名を重んじ、無禄をいとわず藩公に随従しようという。その方どもも、士族たちの真志に心をいたし、空き家のある者は、できる限り廉価にて貸与し、安住させよ。聞くところによれば、藩公は若干の口米（くちまい）を給与せられるという。それならば、みな多少の有禄者ではある。この地に、これら有禄の士族が住みつけば、やがて殷盛を招くことになり、ともに恩恵を受けるに至るであろう。新しい家屋を与えることについては、拙者すでに腹案がある。心配は要（い）らぬ。」

このように説いて、つぎには富農たちを召し、それぞれ献納金を出させ、数十戸の長

前島密と称す

屋を新築した。さて士族たちを収容すると、その生活を安定させるためには、家族もろとも質素をまもり、かつ労働に服する気風をおこすことが肝要、と考えた。

来輔の妻なかが先頭に立った。すなわち勧工場（かんこうば）を設け、なかの指導によって機織（はたおり）の技術を習わせた。さらに上州から老農を招き、桑の栽培や養蚕の方法を学ばせた。また撃剣の道場を開き、あるいは学校を設けて、来輔みずから教鞭をとった。奉行であるからには、訴えも裁かねばならない。訴えごとのあるとき、来輔は隣りの部屋で訴えを聴きながら、授業を行なったのであった。それだけではない。夜会を開いては、古今の英雄について事績を語り、志気の振興をはかった。老人たちのためには、収容する施設を開いて、寺の僧たちに世話を頼んだ。このようにして来輔は、民政に関しても、その能力を発揮したわけである。

その間に中央の政府は、統一のための施策を、つぎつぎと実行に移していた。旧幕以来の藩は存置されていたが、藩の行政に対して、政府の介入はしだいに大きくなる。二年六月には、いわゆる版籍奉還が行なわれ、従来の藩主は知藩事に任命された。駿河藩の名称も、これより静岡藩と呼ばれることになる。

これにさきだつ四月、太政官は一般の人士が官位の名称を、通称として使用することを禁じる旨、通達した。来輔（または来助）の輔（助）も、これにあたる。もっとも来輔は巻退蔵と称していたときから、本名としては「密」を採用していた。よって今後は、もっぱら「前島密」と称するに至ったのである。なお密の字は〝みつ〟と呼ばれることも多かったが、前島自身の語るところによれば〝ひそか〟というのが正しい。

開業方物産掛

太政官の指示による藩政の改革も、進んでいる。諸藩の奉行職も廃止されることになって、密も中泉奉行の職を解かれ、静岡に戻った。せっかく立てた民政の改革も、端緒を開いたばかりであったが、後世に残した功績は大きかったと言えよう。静岡において密は開業方物産掛の職に任ぜられた。

しかし、これは新設の職であって、とりたてて仕事もない。そこで乗馬と従者をともない、私費をもって藩内の要地を巡回した。土地の人の話を聞き、土地の情況を見て、産物などの実態をしらべあげ、その記録を重役に差出した。すでに十二月になっていたが、思いもかけぬことに、民部省（みんぶしょう）からの召命に接したのである。

民部大蔵省

当時、太政官には二年七月八日の官制改革によって、民部、大蔵など六省が置かれていた。ところが民部、大蔵の両省は、所管の事務に関連するところが多い、という理由から、八月十一日に至って併合された。ただし併合といっても、両省の機構は残したま

渋沢栄一

ま、卿（長官）以下の首脳部が兼任する形をとり、さらに大蔵省から租税司などの四司を民部省に移管したのである。したがって民部省の所管事務は拡大し、民部と大蔵とを兼任する高官の権限は、すこぶる大きいものとなっていた。

ところで太政官の重要なポストは、維新の変革に貢献した公家や大名、および薩長土肥の出身者によって占められている。民部大蔵省（兼任）においても、卿が伊達宗城、大輔が大隈重信、少輔が伊藤博文、大丞が井上馨であった。しかし、その下で民政の実務を担当できる人材に不足していた。行政事務に練達の士といえば、やはり旧幕臣に多かった。そこで大隈や伊藤は、周囲の反対もかえりみず、旧幕臣のなかから有能の人材を迎え入れようと物色していたのであった。

渋沢栄一（一八四〇―一九三一）が租税正として迎えられたのも、その一例であった。渋沢の採用を勧めたのは、民部大蔵少丞の郷純造である。ついで郷は、前島を推挙した。のちに大隈は「郷と云ふ男は金を溜るの才はあつたが、最もあの男にエライとして伝ふべきは、前島、渋沢二翁を明治政府に推薦した一事である」と語っている（「逸事録」）。こののちも郷は政府の財政を担当し、その功績をもって明治三十三年には男爵を授けられた。純造の子が、実業界に活躍した誠之助である。

さて渋沢は明治二年十一月、民部省に出仕したが、当時の省内は雑務に追われ、見るべき成果を挙げることもできない。当時は太政官と称しても、直接に支配している土地は旧幕府領であり、したがって幕府の仕来りをそのまま踏襲する有様であった。そこで渋沢は、事務の改進をはかるため、省内に新しい局を設けることを進言した。ここには有能の人材をあつめ、旧制の改革や新規の施設について調査し、検討する。この提案を大隈は直ちに採用した。こうして十一月末、民部省内に設置されたのが、改正掛であった。なお前島の「自叙伝」には、改正局と述べているが、改正掛が正しい。

すなわち改正掛は「民政一切の事務を審議して、其利弊得失を詳にし、法制を設け条例を定むる所なれども、当時大蔵省併置の際なれば、同省所轄の事務をもまた、此掛にて調査考究せるものの如し。而して其組織は合議体にして別に長官を置かず、掛員は概ね各寮司より兼務せしめたりしが、（渋沢）先生は租税正として首席なるが故に、推されて其の事務を綜理せり」という次第であった（「青淵先生伝初稿」）。

こうして密は民部省に出仕することとなった。中央政府に座を占めて、その才幹をふるうことは、密の宿願であった。召命を受けた密は、久能山に登って東照宮を拝したのち、東京へ向かった。十二月二十六日、小川町の静岡藩家老長屋に旅装を解く。

六　新政府に出仕して

民部省九等出仕

明治二年十二月二十八日、前島密は民部省に出頭し、民部大蔵省九等出仕、改正掛勤務を命ぜられた。密みずから述べるように「九等出仕は当時の官制にては奏任を下る二等の卑官」（『自叙伝』）であり、いまならば本省の係長（主査）という地位であろう。すでに密は静岡藩において要職についており、この処遇ではすこぶる不満であった。しかし、また考えるに、太政官の官員となる以上は、現職や地位の高低ばかりを論ずるのでなく、前途の方針について明確な判断を下すことが大事であろう。

思い直して出仕の準備を進める間に、明治二年は暮れ、三年の正月を迎えた。この年正月、密は三十六歳となる。

改正掛に配属

正月五日、民部省に出頭すると、驚いたことに密は、改正掛のなかの上席であった。密より上席といえば、租税正（奏任）の渋沢が掛長を兼任した形となっている。

やがて会議が始まってみれば「大隈、伊藤両氏も出席し、民部大蔵卿伊達侯も亦臨席

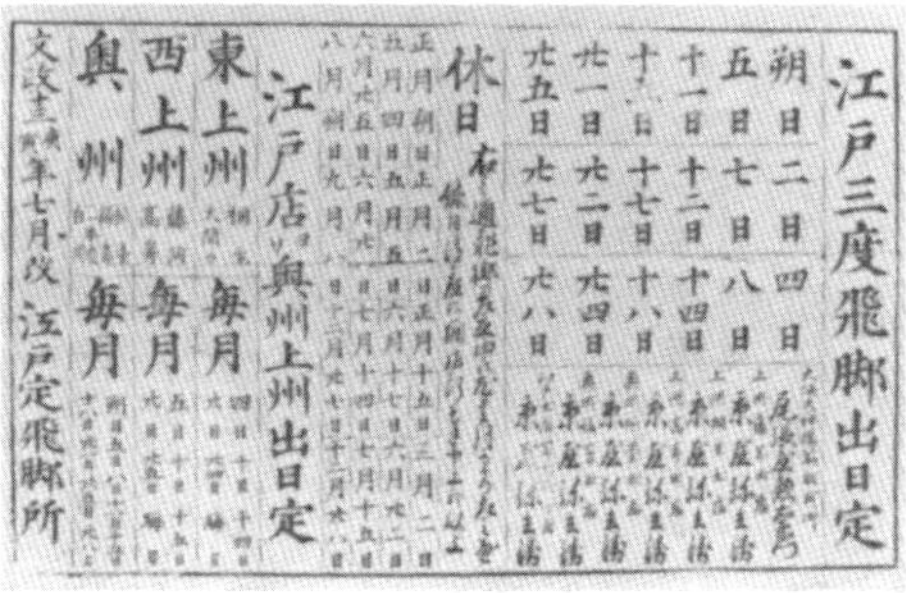
江戸三度飛脚出日定
朔日 二日 四日
五日 七日 八日
十一日 十二日 十四日
十六日 十七日 十八日
廿一日 廿二日 廿四日
廿五日 廿七日 廿八日
休日
江戸店ヨリ奥州上州出日定
東上州 毎月
西上州 毎月
奥州 毎月
江戸定飛脚所

「江戸三度飛脚出日定」

し、放胆壮語一も尊卑の差等を置かず、襟懐を開いて時事を討論」（『自叙伝』）する。その雰囲気に、密は心のなかですこぶる愉快を感じたのであった。同様のことは、渋沢もまた次のように述べている。

「何しろ血気旺んな人々が、色々研究したり、見聞したりした結果を、寄合って互に論判するのだから、時には喧嘩と間違へられる程の討論もやった。みんな気心を知り合った人達ばかりだから、遠慮会釈のない書生交際で、思ひ切った討論をしては初めて方針が定るのだから、実に愉快であった」（『伊藤博文秘録』）。

このような改正掛のなかで、中核となって業務を推進したのは、やはり旧幕臣の人たちであった。密に続いては、主として渋沢の推薦により、静岡藩から有能の人材を登庸していったのである。すなわち杉浦愛蔵（譲）、塩田三郎（篤信）、赤松大三郎（則良）といった人びとである。いずれも幕末に、ヨーロッパ出張の経験ある新知識であった。

杉浦譲

とくに杉浦は、のちに密のあとを受けて、郵便の創業をとりしきっている。密とは、年齢も違わない。任官してから、その抱負をきいたところ、「大隈、伊藤は当世の俊傑なり。彼等に親炙（しんしゃ）し、経世の新知識を得るは又是れ人生の大快事なり。仍て現下の地位如何を論ぜず、某氏に依て請願し、辛うじて玆に出仕するを得たり」（「自叙伝」）といった。なお、このとき杉浦の官等は、十一等出仕であった。

番町に居住

いまや密も、東京に定住することになり、しかも太政官の官員であるからには、それなりの邸宅を構えねばならぬ。麹町の表四番町（現在の千代田区九段北）に屋敷跡を見つけたが、上京してきたばかりだから資金がない。敷地は約千坪、そこに建坪およそ百五十坪の家屋があって、代価は何と三百円であった。当時としても格段に安いものであったが、それを一時に払うことができず、四十六ヵ月の月賦で需（もと）めることにしたのであった（「逸事録」）。

飛脚営業

さて、このころ大隈や伊藤、また改正掛が取組んでいた大問題が、通信および交通機関の整備である。幕府の時代、こうした機関としては、まず飛脚（ひきゃく）があった。幕府御用の継飛脚（つぎびきゃく）や諸大名の飛脚のほか、江戸や大坂をはじめ大都市の間には町飛脚が発達し、公衆通信を取扱っていた。飛脚問屋の営業は、明治になっても続けられており、政府の公用文書も、これらの飛脚問屋によって送達されていた。

伝馬、助郷

街道に沿った宿駅には、伝馬（てんま）が置かれ、往来の用に供した。大名行列など、宿駅の人馬でまかないきれぬときは、近在の農村から助郷（すけごう）を出させた。しかし、これらの施設を利用できた者は、公家や武家などの特権階級であり、無賃または定賃銭（じょうちんせん）で使用した。賃銭を支払う場合も、江戸後期になると貨幣価値の下落から、往時にくらべれば何分の一に過ぎず、従事する人びとの負担は、きわめて大きいものとなっていた。幕府の権力が及んでいた時には、民間の苦痛もかえりみず、苦役を強制できたけれども、明治ともなれば威光も通らなくなる。陸上の交通、とくに運輸は、至るところで停滞する、というような状態に立ち至っていた。

海上運輸

海上の運輸に関しては、上方と江戸とを結ぶ菱垣廻船（ひがきかいせん）や樽（たる）廻船、また本州の沿海を周航する東廻（ひがしまわり）海運と西廻海運（北前船）が発達していた。しかし、これらの航海に使用された船は、船脚（ふなあし）の遅い旧式の和船である。そこで明治政府は、外国から蒸気船を買入れ、旧来の廻船問屋や運送問屋などに命じて回漕会社（かいそう）をつくらせ、三年正月から東京と大阪との間に定期航路を開いた。しかし回漕会社は持ち船も少なく、一ヵ月三回の航海に過ぎなかったから、十分な輸送もできない。海上の運輸もまた、貧弱であった。

ところが欧米の先進諸国では、郵便をはじめ、蒸気車の走る鉄道、蒸気船の走る航路や、さらには遠距離を瞬時に結ぶ電信が、すでに高度の発達をとげている。このような近代の通信および交通の機関、とくに電信と鉄道とを、いち早く取入れたいと、大隈や伊藤は念願したのであった。

電信開通

電信の建設を一手にとりしきったのは、神奈川県知事の寺島宗則（てらしまむねのり）である。密が若かったころ、伊藤玄朴の塾で会った松木弘庵こそ、この寺島であった。洋行帰りの寺島は、電信の効用を熟知しており、英国から機械を取りよせ、技師を招いて、二年十二月二十五日には東京（築地）と横浜との間に電信を開通させた。密が任官したとき、すでに電信は開通していたのである。三年八月には、大阪と神戸の間にも電信は開通した。

ネルソン＝レイ

電信と並行して、鉄道建設の計画も進められた。大隈としては、まず東京から京都、大阪をへて神戸に達する幹線の建設を企画し、伊藤の賛成を得た。しかし当時の太政官には、まったく資金の余裕がない。このことを知った英国公使パークスは、たまたま公使館に寄寓しているネルソン＝レイを紹介した。レイの試算によれば、東京‐神戸間の工事費には、およそ三百万ポンドを要する。この資金は、わが国の関税と将来の鉄道収入を担保とすれば、イギリスで調達することができる。しかも、その内の百万ポンドは、レイおよび友人たち数人の私財で調達しよう、というのであった。

二年十一月、鉄道建設の費用を英国から借入れるについて、その交渉は民部大蔵卿の伊達と、大隈・伊藤に全権を委任する旨、太政官の発令があった。三人はレイに対し、まず百万ポンドを年一割二分の利息で起債することを委託した。百万ポンドといえば、当時の相場で五百万両（円）弱ということになる。しかし、このレイとの契約が、やがて大きな問題を起すことになるのであった。太政官の大勢は、なお鉄道建設には反対なのである。

京浜間の鉄道

こえて三年三月、太政官の会議において、大隈と伊藤は鉄道をまず東京－横浜の間に着工することを提議した。その熱弁に、列席の高官たちも圧倒されたようだが、営業上の収支はどうなるのか、との質問に、二人は呆然として答えることができなかった。しばらくして大隈が発言した。「計画はすべからく精確を要す、乞ふ、明日において其の評価を説明せん」（『明治政史』）。

民部省に戻った大隈は、さっそく密をよんで告げた。

……東京横浜鉄道建設ノ挙アリタル　朝野ヲ概シテ之ヲ非トセリ　斯ル景況ナルヲ以テ其妄説ヲ破ラン為メ　之ヲ興スニ利益ノ点ヲ至急ニ書セヨ（「行き路」）――「大隈君

ヨリ鉄道ヲ興スノ利 及ビ其計数ニ係ルコトナト…至急ニ書シテト頼マレタリ」（「行き路」原稿）

さらに、できるならば東海道延長敷設（横浜-神戸）の案をも添加してくれ、と頼まれた。しかし密は「嘗て和蘭の機械書に於て其図及び説明を一見せしことありしも、之が建設費に就ては一も記憶する無し。凡そ予算を立つるには、先づ建設費の額に照して之を為さゞるべからず。されども本邦には此標準と為るべき一物無し」（「自叙伝」）と答えた。

『鉄道臆測』

そこで経営の収支を算定しようとしても、架空の数字となってしまう。この際は概算を立てて、信用をかちとればよい、と考えた。東海道全線に延長する案については、建設費や収支の計算は他日に期し、その上で会社を創設させてはどうであろうか、と申し立てたが、それでよい、と同意を得た。しかし、さらに深思、熟考するに、

未だ斯業の一端をも知らずして其臆算を提出する如きは、妄慢大胆の行為なり。其罪甚だ軽からず、忸怩逡巡、良々久しくせしも、更に思ふに、這は是れ余が宿願たる国家文明の開導たる 国脉快通の道を拓く 一大援助なれば、其開設按は一日も猶予すべからず。若し幸に余が臆測に於て此問題を解決するを得ば、他日如何なる罪に問はるる事あるも、余のみ専ら之に当るべし。（「自叙伝」）

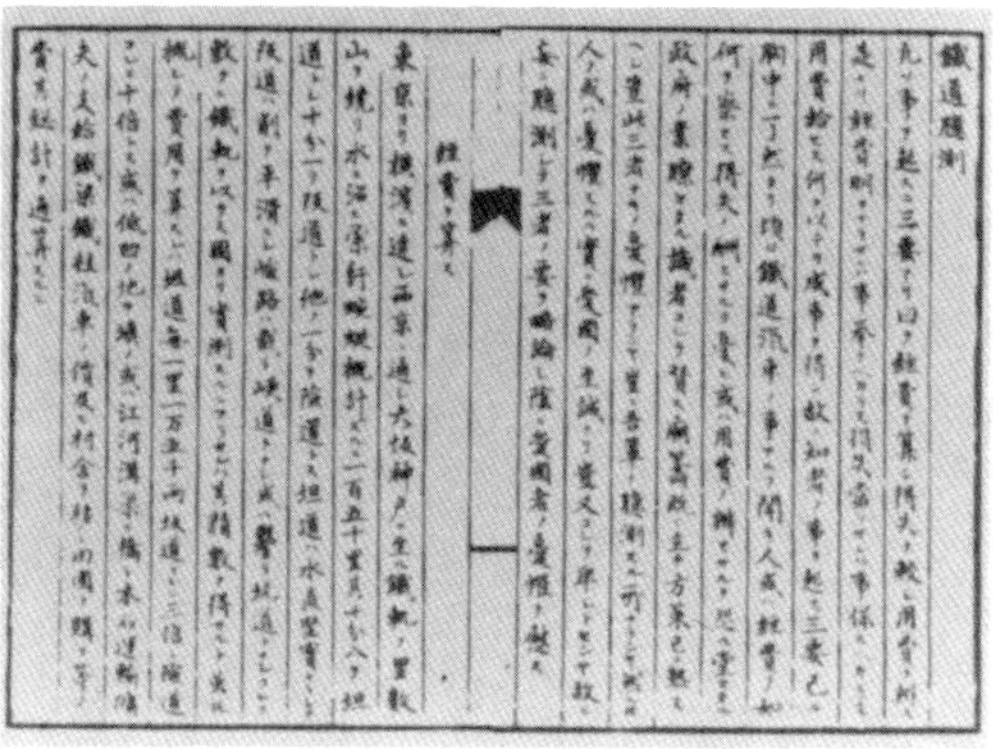

『鉄道臆測』（早稲田大学図書館蔵）

と決心した。これほどの意気ごみをもって取りかかり、おそらくは夜を徹したことであろう、早くも翌日には「草案」を提出した。ただし予算と称するには、自信がない。そこで『鉄道臆測（おくそく）』と名づけた。

これをもって改正掛は改めて建議をつくり、大隈らは三月十四日の朝議にのぞんだ。そして京浜間の鉄道建設は決定され、十七日には測量を令達、二十五日には着工、という運びに至ったのである。それだけの説得力を、この『鉄道臆測』は有していた。

しかし密にしてみれば「句忙（こうぼう）一夕（せき）ノ立草（りっそう）ニシテ其稿本ノ儘（まま）ヲ大隈君ニ呈シタレハ　余ハ其（その）草稿ヲダニ家ニ留メズ」、また「其（その）書ハ其原稿ノ儘　大隈君ノ手元ニ於テ当時ノ記憶ニ備（そなう）ル」ということになった（「行き路」）。いまは早稲田大学図書館に所蔵されている。

租税権正

四月十二日、密は改正掛に所属のまま、租税権正に任ぜられた。権正の官等は七等であった（奏任）から、大きな抜擢である。密の実力が認められたものに違いなかった。ここで密は、租税正である渋沢とともに租税改正の立案に取組んだ。

幕府時代の租税は田租を主体とし、それも幕府領や諸藩領では、おのおの税率も異なっていた。いまや版籍奉還も成り、統一政治をめざす以上、納税の負担は平等にしなければならぬ。しかも米納であるから、時価により、豊凶により、国家の歳入を確実にすることができない。歳入が確定しなければ、歳出を確定することも、できないわけである。さらに密は、商工業者にも課税して、国民が等しく国務を負担することが、維新の行政にとって肝要、と考えた。

租税の金納化

そこで当時、政府の法律顧問に招かれていたフルベッキから、英米の租税法書を借覧し、また親しく教えを受けて、税法改正の研究を続けた。こうして立案されたのが、租税の金納化であった。ただし、このころの密は地租改正までは思い至っていない。

ある日のこと、密は租税司で大きな長持が多数、積んであるのを見た。何を入れているのか、と問えば、各県から提出した納租帳を入れたもの、との答えである。その帳簿を出して見ると、西の内（茨城県産の楮紙）や程村（栃木県産の楮紙）のような厚い紙の上に、三行字をもって金額や石斗の数を書いている。密から見れば、まことにぜいたくな使いかたである。そこで簡単な表式を用いれば、一箇の行李で足りるだろうと、その使用法を教示した。それ以後は、表式を使用するようになったという。密は「吏員の旧慣に捉はれ、弊事改良に気附かざること」また「社会も同じく然りし事」を痛感したのであった(自叙伝)。

改正掛の仕事は、多端であった。次から次へと難問が回されてくる。密も、租税権正の本務をさしおいて、改正掛の仕事に集中せねばならぬほどであった。税法の改正もそこそこに、また新しい任務が割当てられる。なかでも、かねてから緊急の問題として、旧態依然たる駅逓の制度を、どのように改革すればよいか、大隈をはじめ頭を脳ましていた。渋沢は次のように述べている。

> 之れ(駅逓)を改正係で何とかして呉れと云ふことになつた。大隈さんなども是はどうも改正係が考へて呉れなければいかぬ、皆で十分思案して見て呉れと云ふことであつた。私共が幾ら考へて見たけれども、宜い思案もない。所が前島さんが専ら任じて、宜しい己が一つやつて見ようと云ふ……。(「追懐録」)

それまで改正掛で論議していた改良案は、密から見れば「姑息にして、当時公卿百官の旅行頻々たるも、尚旧制に従ひ居たれば、駅人馬の使用甚だ多く、旅費の支給額も亦過多なるを以て、これを削減するを主眼と為せるに過ぎず」（「自叙伝」）という状況である。

密は少年のころから、北は箱館まで（一時は樺太へ）、南は鹿児島まで、足跡を残している。当時の日本全土を走破していた。江戸と長崎との往復に至っては、一再ではない。しかも単なる旅行ではなく、みちみち地形や民情を視察している。これほどの長距離を歩いた者は、伊能忠敬を除いて、他にあっただろうか。もし密が、そのつぶさな観察をもって旅行記を録していたならば、稀代の旅行家として名を残したに違いない。

さらに近年は、中泉奉行として東海道の現況を知った。だからこそ「古ヨリ駅法ノ善カラサル　伝馬助郷ノ弊害アル　其惨苦ナル実況ヲ目撃シ　深ク痛歎セルヲ以テ　何トカ之ヲ拯フ策モガナ」と、発言もしていたのであった（「行き路」）。

駅逓権正兼任

まさしく密こそ、駅逓の改革にはもっとも適任であろうと、誰しも考えたに違いない。密は五月十日、租税権正の本官はそのまま、駅逓権正の兼任を命ぜられた。このときの駅逓司には正が欠員であったから、密は事実上の長官であった。

駅逓司の職制は、伝馬、助郷や、駅路、官員旅行のことをはじめ、官用の信書や物品の伝送などを掌る。その長官となって、密は「宿積の冀望を達し、通信事業を興起すべきの機会に接したるを 天に歓ひ 地に喜ひ 又窃に国家に 向て賀し」た。しかし、これを官業とすべきか、あるいは飛脚屋の営業として、法律によって監督するにとどめるのがよいか、にわかには確乎たる断定を下すことができなかった。

密としては、官業にしたいと考えたけれども、その案がはたして太政官に採用されるだろうかと心配だった。というのも、それまで通信や運輸は「飛脚屋」の営業であったため、密でさえも、これを卑賤なものと見る思いを、まったく捨てきることができなかったのである。まして、他の人びとなら、なおさらであろう。さらに財政が困難を告げている現在、ひとたび官業として経営すれば、年々歳々、多額の経費を支出しなければならない。かれこれ思い合わせては「自ら岐路に立て 其選択に苦心」したのであった（「事務余談」）。

一通の廻議書

密は、駅逓権正を拝命してから三日後、すなわち五月十三日、一通の廻議書を検閲した。それは東京と西京、および大阪との間に往復した公用文書について、飛脚屋に支払った賃金の件であった。当時、両京の間に往復する公用信書のほか、中央から府県藩に送達する信書は、東京に出張している各府県藩の役人を政府まで呼び出して渡し、あと現地まで送達する費用は、各府県藩の負担とされていた。したがって、その金額を知ることはできない。ところで政府が負担する両京間の経費を調査すると、その平均月額はおよそ一千五百両(円)に当たることがわかった。この月額の経費を知るに及んで、密は、通信事業は官営で行なうべきである、との腹案を固めたのである。

新式郵便の立案

当時、東西両京の間で信書を三日ないし三日半で届けるよう、とくに一便を仕立てると、三十五両を要した。人夫賃として二十三両のほか、夜間の賊難を防ぐために一人をふやすから、十二両を加えたわけである。そこで東京と西京の間は、月額が一千二百両余り、大阪まで三百両ばかり、合計一千五百両になる。

そこで月額一千五百両を費やせば、東京から西京をへて大阪まで延長し、毎日一定の時刻に、東京と大阪とから、おのおの一便を差立てることができる、と立案した。しかも公用文書だけでなく、官民一般の通信も取扱うことにすれば、三府ならびに沿道の人民に利便を与えることができる。一般からは送達料を取立てるから、おおよそ一千五百両の収入が得られるであろう。そうすると支出した一千五百両は、通信の線路を他の地に拡張する基金にあてることができる。こうして基金をつぎつぎに転用してゆけば、通信線路を全国に及ぼすことも、むずかしくはない。というわけで密は、まず三府の間に試験のため開設しようと、夜を徹して腹案をつくった。

五月十五日、密は、その立案したところを改正掛の会議にかけた。会議において密の案を大いに讃賞したのは玉乃世履（一八二五―八六）であり、続いて賛成の意を表したのは渋沢栄一であった。これより密は、いよいよ規則類の起草にとりかかる。

何しろ従来、まったく経験ない新規の事業である。欧米の先進諸国では、すでに近代郵便の制度を実施しているから、密としては、その規則や方法などを記した英文の書物でもあればと、たずねまわったが、ついに見出だせなかった。のちにわかったことであるが、その種の書物は英国のなかでも売っていない。一般の人士が購読する必要もないものだから、官庁に備える公文書があるばかりなのであった。

また当時、横浜には英米仏の郵便局が設けられ、その道に経験を積んだ局長や局員がいたけれども、その人たちのことは英米仏の飛脚屋と呼んで、わが国の飛脚と同じように考えていた。そこで密も、彼らに質問しようなどとは、思いも及ばなかった。

せめて海外に出かけた経験ある人ならば、多少は実際の模様が分かるかと、帰朝した人びとにたずねたが、通信の状況に心をとめた者はない。ただ渋沢栄一だけは、一枚のフランス切手を持っていて、これを書状の表に貼りつけることを語ってくれた。切手で料金を前納するという方法はわかったが、再使用を防ぐために消印することには考えも及ばない。そこで切手には、ぬらすとすぐ破れる薄弱の紙を用いて、はがして再使用することができないようにしよう、と考えたほどであった。

郵便という名称

さらに新しい事業の名称も、まず定めておかねばならない。最初は便宜上、世人の耳になれている飛脚の文字を用いて、飛脚便と呼ぼうかと考えた。しかし飛脚便では、従来の飛脚営業と、新しい国営の事業との区別がつかない。思いめぐらしたあげく、選定したのが〝郵便〟という名称であった。

〝郵〟とは元来〝宿場(しゅくば)〟のことであった。また〝駅〟と同じように、公用文書の継立(つぎたて)も行なった。ただし駅には、馬偏(へん)がついているように、継立のための馬を備えている。そこから転じて、後世の中国では、公用文書を騎馬で継立てることを駅逓、徒歩で継立てることを郵逓、と呼ぶようになった。この〝郵〟の字を用い、江戸時代の漢学者などは、飛脚便のことを〝郵便〟とも呼んだ。それを密が採用したわけである。時として〝郵便〟は密の造語と誤解している向きもあるが、決してそうではない。

しかし〝郵便〟の語には反対もあった。一般には耳なれず、むずかしい、というわけである。あるいは駅逓司が行なう事業だから、駅逓便と名づけるがよい、と論ずる者もあり、密も一応はもっともと考えた。しかし、名称は簡単で呼びやすくなければならぬ、と密は考えている。郵便と呼べば、口調もよい。ついに密は自説を押し通し、郵便の名称を定めたのであった。それでも試行の間は、わかりやすいように飛脚便と呼び、事業の組織が固まった上で、郵便と命名することにした。なお役所では、当初から郵便と称している。

こうして最初の規則は起草された。令達（れいたつ）や施行の方法、経費や収入の概計などを整備して、民部省の廻議に付したのは、六月七日のことであった。民部省では大いに賛成の声を得た。しかし太政官に建議するには、大丞や少丞など数名の検印を要した上で、民部卿の裁決を得なければならない。そのため十余日を過ごしたが、六月十七日に至り、密は英国に派遣されるとの命令に接した。みずからの立案が採用されるのを待つことなく、密は外遊の旅に立った。

英国へ派遣

七　郵便の制度を確立

鉄道起債破棄

明治三年六月十七日、大蔵大丞上野景範（うえのかげのり）（一八四五―八八）は特命弁務使として、英国に派遣するとの命令が発せられ、前島密はその差副（さしそえ）を命ぜられた。渡英の用件は、さきに大隈や伊藤が鉄道建設のため、ネルソン＝レイに委託した百万ポンドの起債契約を破棄することであった。レイは帰国すると、ロンドンにおいて、百万ポンドを年利九分で公募した。しかも起債には、日本の関税を抵当にするという。これを知って、日本では大騒ぎとなった。政府はレイが内緒で融資してくれるものと、考えていたのである。ところが公募され、当方からは一割二分の利息を払う約束なのに、九分として募集した。政府は、レイの行為を不信と見なし、委任を解除することに決した。さらに募集された公債は、早く償却せねばならない。そのために弁務使を英国に派遣したのであった。

この始末は、ロンドンの東洋銀行を仲介として、レイには違約金と募集費を払うことで結着した。また公債は東洋銀行が年利九分で引継ぐことになった。

新紙幣製造

もう一つ、兼務として処理すべき問題があった。当時、太政官札（紙幣）に偽造が多く、内外から苦情が寄せられていた。改正掛では、いったん回収して検印を押そうという。この意見に密は反対した。いちいち回収していては、貨幣としての流通を阻害する。わが国の印刷が精巧に至らない間は、西洋において新紙幣を製造し、旧札と交換する方法が最良である、と。その会議には民部卿の伊達も臨席していて、賛意を表した。そこで渡英の上は、紙幣の製造のことを兼ねて処理するよう、命ぜられたのである。

さて密は英国をはじめ、各地の工場で調査したが、印刷の日数や経費が予想と違ったため、発注に至らない。ただドイツのフランクフルトの工場だけは、時期も経費も折合いがついたので製造を頼んだ。こうしてできあがったのが、いわゆる明治通宝である。

後任に杉浦譲

外遊に当たって密は兼官を解かれ、駅逓権正には杉浦 譲が任ぜられた。事務引継に際して杉浦は公言した。「吾ハ足下ノ為メニ足下ノ 洋行中 足下ノ計画シタル事業ヲ保守シ 駅逓司ノ衙中ニ於テ一事ノ変更スルコト無クシテ 足下ノ帰朝ヲ待チ 之ヲ足下ニ復スヘシ 足下カ計画セル事業ハ 欧米諸国ニ至リ 其駅逓院ノ実況ヲ見テ 大ニ発明スル所アリヌヘシ……」と。これを聞いて密は「桂冠ノ後ニ至ルモ一日之ヲ忘却セス 知遇ノ篤キヲ感佩」したのであった（『行き路』）。

六月二十八日、一行は横浜から出帆した。サンフランシスコまで乗船した船は、米国の飛脚船と呼ばれていた。そこで密は、わが国の廻船と同じく、陸路ならば飛脚屋の大仕掛（じかけ）なもの、と思いこんだ。もちろん当時、太平洋郵便（Pacific Mail）汽船会社という名称は日本人に知られていない。

ところが出帆してから十日ばかりたって、船中に掲示が出た。明日、米国を発したメイル汽船に行き逢（あ）うから、日本および清国に送る通信は、船内のPostal Agent（郵便局）またはMail-boxに差出すこと、というのである。この〝メイル〟などの用語を見て、密は船内に郵便の取扱所があるのか、と疑った。船長に質問すると、その会社は米国政府の郵便物を運送することが本務で、政府から年額五十万ドルの補助を受けている、この船も郵便物を搭載しているから、郵便汽船（郵船）と称しているのだ、とのことであった。

密は「是（ここ）ニ於テ始（はじめ）テ 彼ノ国ニ於テハ既ニ已（すで）ニ郵便事業ノ此（かく）ノ如ク壮大ニシテ 政府ハ通信ノ事ヲ以テ要部ノ務（つとめ）トナスノ概略ヲ知」った。ひるがえってわが国では、密の発案によって、国内の一部に郵便を試行しようという段階である。国力の差というものを、身にしみて味わったのであった。

なお、このとき切手の再使用を防ぐため、消印をほどこすという方法も知った。もちろん密は、さっそく消印の方法につき、こまごまと記し、米国船のメイルに托して、杉浦のもとに送った。

米国の郵便

米国に着いてから、郵便事業の実際について調査を試みたことは、いうまでもない。すでに大陸横断の郵便列車あり、大西洋には数線の郵便汽船あり、市街には郵便馬車が走っていて、何びともその通行をはばむことができない規則である。しかも郵便行政の一省を設けて、通信事業を管掌し、長官は卿（大臣）に列している。その通信を重んじ、また通信が自由に行なわれ、物数も巨大なることなど、万事が想像を絶していた。

米国から英国に渡るにあたって乗った船も、郵便汽船会社のものであった。やはり英国の駅逓院から多額の手金を受け、駅逓長官の命令によって大西洋を往復していた。

英国においては、特命の用務を片づけるため、奔走に多忙であったが、さらに欧洲の各国を巡歴する用務もあって、各国の郵便局を見学することができた。さらに用務を果たした後は、もっぱらロンドンに滞在して、駅逓院や郵便局におもむき、郵便事業の運営状況を実地に経験した。

英国の郵便

そもそも英国は、一八四〇年、世界にさきがけて近代郵便の制度を実施した。近代郵便の肝心な点は、郵便事業を国営にて行なうこと、同一種類の郵便物料金は、遠近にかかわらず均一とすること、料金は前納とし、前納の証紙として切手を使用すること、などであった。世界最初の切手も、もちろん英国で発行された。密たちが英国に渡ったときは、それより三十年を経過していた。その間に先進の諸国は、英国にならって、つぎつぎに近代郵便の制度を採用し、施行していたのである。

英国の郵便局では、すでに郵便為替および郵便貯金の業務を運営していた。そこで密は郵便業務のほか「一個人として 為し得らるべき限りの研究を為さんものをと 或時は郵便為替の差出人となり或時は受取人となり 又は貯金預人となり 更に其 払戻の手続を為すなど 及ぶべき丈けの実験を試みた」のであった（「事務余談」）。

さらに英国の郵便局では、郵便保険（Post Office Assurance）と称して、のちの簡易保険にあたる業務も取扱っていた。すなわち「英国駅逓院ニテハ 身後保坦法 及ビ老後年給法ヲ行ヘリ 余ハ此法ヲモ駅逓局ニテ施行セント欲シタレトモ 事端繁多ニ渉リ経費ノ弁スヘカラサルヲ以テ 之ヲ急ニスルヲ」やめた（「行き路」）。密は養老保険や養老年金についても注目している。それは回想のとおり、密の在任中には実現に至らなかったが、郵便為替および貯金は、明治八年に至って実施されるのである。

郵便創業

さて密たちが故国を離れてから一年近く、遠く異郷にあっても「本邦ヲ出ルトキ廻議ニ付シタル法按ノ実施ハ如何ナリヤラント旦夕其報告ヲ待チタリシ又疾ク帰朝ノ時ヲ得テ此拡張ヲ策ラント日夜心胆ヲ熱シ」ていた。こうして明治四年五月下旬、すでに本務を達成し、いよいよ帰朝の途に上る。そのとき日本から来信あり、三月一日より、密の草案のとおり、郵便事業は開設されたとの報知に接した。

郵便事業は杉浦の主導によって、着々と準備が進められ、一月二十四日には太政官から、新式郵便を東京—西京—大阪の間に開設する旨が布告された。そして三月一日、太陽暦では一八七一年四月二十日、郵便は創業されたのである。これを知って密は大いに喜び「独リ高歌抃舞」した（「行き路」）。

八月十五日、密は帰京した。東京に着くと、旅装も解かず、ただちに築地の大隈邸におもむいた。大隈もまた密を迎え、ともに郵便の創業と、その成績の良好なことを喜んだ。しかし密たちが外遊の間に、太政官の機構は大きく変わっていた。

官制改革

明治四年七月十四日、廃藩置県が断行される。これにともなって七月二十九日には、太政官の規模が拡張され、三院八省が置かれた。ただし民部省は廃止となり、駅逓司は大蔵省に移管された。大蔵卿は大久保利通、大輔は井上馨である。駅逓権正の杉浦は、すでに三月十日、駅逓正に昇任していたが、民部省の廃止によって大蔵省出仕に転任した。かわって駅逓正には、浜口儀兵衛（成則）が任ぜられた。続いて八月十日、駅逓司は三等寮に昇格し、浜口は駅逓頭に任ぜられた。そこに前島が帰京したのである。

駅逓頭任命

駅逓寮は、陸上の通信運輸として郵便および伝馬助郷のこと、海上の運輸として管船の事務を管掌する。いま密は、駅逓寮との関係も絶たれているが、郵便はもちろん、管船についても、多年の経験から大きな抱負をもっていた。そこで浜口駅逓頭を訪れて論じたところ、浜口は欧米の文明に通じず、よって「通信の事は飛脚屋の一賤業たりとなし別に其拡張に就て毫も意見を抱か」ない様子であった（「事務余談」）。

ここで密は意を決し、みずから駅逓頭に任ぜられるよう、井上大輔に向かって請願した。そのとき同座していた少輔吉田清成は「能ク郵便ノ緊急ナルヲ知リ又余カ此事ニ苦心セルノ実ヲ知リタルヲ以テ」大いに賛意を表した（「行き路」）。よって密は八月十七日、駅逓頭に任ぜられたのである。帰朝してから、二日後のことであった。

浜口儀兵衛

浜口儀兵衛の出身は、紀州有田郡広村（現在の和歌山県有田郡広川町）の豪家である。その先祖は元禄年間（一六八八―一七〇四）、銚子（千葉県）に進出して醬油の醸造業を始め、ヤマサ醬油として今日まで繁栄を続けている。儀兵衛も少壮の時には銚子に出て、家業を見習った。嘉永五年（一八五二）三十三歳になり、郷里に帰ったが、その広村の地は海に面し、しばしば津浪に襲われている。

安政元年（一八五四）十一月、地震のあと、またも大津浪に襲われ、全村が壊滅するという惨状を呈した。この危局にあたって、儀兵衛の治躍めざましく、果断な処置と、その後の救済事業は、ながく郷里に伝えられた。明治元年には、紀州藩に召し出されて藩政の改革に従う。やがて権大参事に昇進したが、四年七月、廃藩されるに及んで、中央政府の召命を受け、駅逓正に、ついで八月十日には駅逓頭に就任したのであった。ときに五十二歳であった。

たしかに儀兵衛は、駅逓の行政にこそ知識は乏しかった。しかし、その人格と識見は、ひろく世人の認めるところであり、勝海舟も儀兵衛のために記念碑の撰文にあたって、大いに賞揚している。中央を去ってからは、和歌山県大参事となったが、半年で辞し、その後は悠々自適の生活を送った。なお明治十三年に和歌山県会が開設されると、初代の県会議長に選ばれた。

十七年五月、家業も後嗣に譲り、いっさいの公職から退いた儀兵衛は、年来の宿願であった海外視察に旅立った。しかるに米国に渡り、ニューヨークに達したところ、病魔に襲われた。十八年四月、六十六歳をもって客死したのである。儀兵衛、名は成則（しげのり）、梧陵と号した。杉村楚人冠の『濱口梧陵伝』は、くわしく儀兵衛の生涯と業績とを述べている。

度量衡改正

駅逓頭となってから五日後の八月二十三日、密は度量衡改正掛の兼務を命ぜられた。これまで、わが国の度量衡には、さまざまの器具があり、一定の基準もなく、藩ごとに制度も異なっていた。そこで民部省の改正掛においては、フランスにならってメートルを採用しようとの議論がさかんであった。密もメートル法の優れていることは認めていたが、これをただちに採用することには賛成できない。

いま度量衡改正掛を主宰するに及び、かねてからの持論にもとづいて、改正法案を作製した。すなわち日本の度量衡は、英国のように、国民が古くから用いてきた慣習を重んじよう、というわけである。そこで旧来の曲尺（かね）を尺度の正位となし、鯨尺（くじら）の使用も認め、そのために一定の原器をつくるがよい、と上申した。これが採用され、明治八年八月に至って、尺貫法にもとづく度量衡取締条例が定められた。

郵便線路延長

さて密が留守の間、三月一日に発足した郵便は、東京-西京-大阪を結び、この三都に郵便役所が設けられた。いまの地方郵政局および中央郵便局にあたる。その線路は東海道筋を走るものであったから、開港場の横浜には、神奈川から別に仕立てて届けられた。しかし、それでは不便なので、七月十五日（廃藩置県の翌日）には、横浜にも郵便役所が設けられ、東京‐横浜の間に直通便が開かれた。また横浜では現金の需要が大きいところから〝金子入書状（きんすいり）〟の取扱いも始められた。いまの現金書留に類するもの、と見てよいが、取扱いの料金はすこぶる高額であった。

さらに八月になると、郵便の線路は大阪から、西は下関まで、南は四国の高松をへて宇和島まで伸ばされた。これは民間の請負（うけおい）によった。

密は帰京して、みずから立案した郵便の事業が順調に歩んでいるのを見て、すこぶる満足であった。しかも「直チニ少（すこ）シノ猶予モ為サス郵便ノ拡充スヘキ理ヲ論シ邦内普及ノ道ヲ建テ」ようとしたけれども、当時はまだ理解する人が少なかった。郵便の重要性がわからず、ただささえ窮迫している当時の財政から、郵便事業のために多額の費用を支出することは、とうてい望み得られなかった。

それだけではない。旧来の飛脚業者は、郵便の開通によって、その存立が危うくなることを恐れ、しきりに郵便の廃止を当局に請願していた。しかも請願が達せられないと知るや、従来の料金を大幅に下げて、郵便との競争に乗り出したのである。密は飛脚業者の総代に対して、郵便が国営でなければならぬ条理を説き、かつ飛脚業は今後、貨物の通運を専業とするよう、説得につとめた。こうして飛脚業者は、しだいに陸運会社に組織されてゆく。

当初、東海道の郵便は、各宿駅に府県藩の官吏を出張させ、その責任のもとに駅から駅へと郵便脚夫が運送していた。それを十月からは、陸運会社に委託するよう改めたのである。これより各地に陸運会社が設立された。

これよりさき政府は、デンマークの大北電信会社に対し、その建設にかかる海底電信線を長崎に陸揚げする許可を与えていた。六月には上海(シャンハイ)から長崎に至る海底線が完成し、対外通信が開始される。これに応じて八月には、東京-長崎を結ぶ電信線の架設工事が開始された。十一月二十一日(一八七二年一月一日)には、ウラジウォストーク-長崎の海底線も完成した。しかし東京-長崎の電信線工事は、容易のことではない。

「郵便規則」

そこで、とりあえず東京-長崎は、郵便で結び、大北会社の国際電信との接続を図ろう、ということになった。十二月五日(一月十四日)、郵便は長崎に達し、神戸と長崎に郵便役所が設けられた。さらに、このとき「郵便規則」が公布され、従来は書状のみを取扱ったのに加え、まず日誌(雑誌)および新聞紙の取扱いを開始し、翌五年一月五日からは書籍類および見本品をも取扱うようになった。こうした規則の起草にあたって、密が精魂を傾けたことは、いうまでもない。続いて五年三月には「改正増補郵便規則」が公布されたが、郵便制度を周知させようと、ひらがなまじりの読みやすい文章で書かれた。漢字の廃止を唱えた密は、文章をやさしく書くことにも心を砕いたのであった。

郵便料金の改正

長崎線の開通に際して、郵便の料金体系も大きな改正が加えられた。発足の当初は、あて先ごとに料金が定められていたのである。たとえば東京から、書状五匁（もんめ）（約十九グラム）ごとに川崎、横浜までは百文（一銭）、西京までは一貫四百文（十四銭）、大阪までは一貫五百文（十五銭）であった。つまり、あて先によって、いちいち確かめねばならないから、不便であった。そうした体系を改正し、距離制の料金としたのである。たとえば最低では二十五里まで百文、最高は二百里以上が五百文、となる。当初より、はるかに低額とされたことが、うかがえるであろう。しかし、これにしても、あて先までが何十里、何百里あるのか、いちいち確かめる必要があった。

線路の開拓も、着々と進められた。そして五年七月一日には、北海道の北半は除き、郵便は国内一般に施行されるに至る。この時までには貨幣の体系も改められて、百文が一銭、一貫文が十銭とされていたから、郵便の最高額は、全国を通じて五銭、ということになる。旧来の飛脚業では、とうてい考えられない低額であり、まして全国を一つの組織で運営することなど、国営でなければ実現できない。飛脚業者は、密の説得によって陸運会社に転身し、郵便物の逓送を担当した。各地の陸運会社を管轄したのが陸運元(もと)会社であり、それが後の日本通運へと発展してゆく。

郵便取扱所

ところで郵便物を逓送し、配達するため、線路上の各地に郵便取扱所が設けられていた。多くは伝馬所(てんましょ)の一隅を区切って、取扱所としたのである。すでに取扱所の業務は、陸運会社が請負っていたが、密の目標は旧来の伝馬や助郷の制度を廃止することにあった。その大改革も五年七月に実現したが、そうなると旧来の宿駅も公的機関としての性格を失う。かわって郵便取扱所が、現業機関としての重要性を持つことになる。

しかし各地の郵便取扱所に、駅逓寮の官吏を配するならば、莫大な人件費を要し、財政が許さない。そこで密が思いついたのは、英国における副郵便局の制度であった。それは民間に業務を委託し、収入に比例して報酬を与える、というものである。密は、郵便取扱人を民間の資産家から採用し、官吏に準じる待遇を与える、という案を立てた。当時はまだ封建時代の気風がぬけきらず、官尊民卑の考えもきわめて強い。地方の名望家にしても、居宅の一角をさいて郵便取扱所となし、わずかではあっても政府から手当(てあて)

四日市駅逓寮

を給されて、官吏の一員に加わることは、名誉と考えられた。

こうして明治五年の前半には、全国で一千余の取扱所が開かれ、国内一般に郵便を施行することもできたのである。これに要した費用は、十万円余りに過ぎなかった。郵便取扱所は、のちに（明治十八年）三等郵便局として再編成された。今日の特定郵便局も大多数がその後身である。

さて密は五年六月二日、大蔵省四等出仕に補せられ、駅逓頭を兼任した。駅逓寮は初め大蔵省内に置かれたが、五年三月には東京郵便役所に移転する。郵便役所は日本橋の四日市（いまの日本橋郵便局）に開かれていた。したがって密は午前中、本務である大蔵省に出仕し、昼ごろから駅逓寮にまわって執務した。その駅逓寮の建物が、当時の財政状態をあらわすかのように、老廃きわまるものであった。

四日市駅逓寮

すなわち「本寮ノ建家ハ幕府ノ時ノ魚納屋ニテ　五十坪余ノ古屋ナリ　天井張リノ落ンヲ防キ藁縄ヲ以テ釣リ上ケテ　是レカ修繕モ為ササリシ　又狭隘ニシテ席ヲ容ルヘキ地余モ無ク　余ハ押入ノ柵ヲ去リ其処ニ坐席ヲ設ケタリ　実ニ三伏（暑中）ノ熱時ニ於テハ

身神共ニ疲倦スレ共 千歳逢ヒ難キノ一時ナレハ自ラ励マシ衆ヲ鼓シ 多クハ燈火ヲ点スルマテ退食シタルコトハ無カリキ」という状況であった（「行き路」）。

駅逓寮は事業の統轄機関であり、今日ならば郵政省にあたる。主要の都市には郵便役所が設けられ、現業を取扱うとともに管理機関を兼ねる。中央と地方とを通じて、駅逓寮に属する官吏の総数は、明治五年の当時、八十五名に過ぎなかった。それだけの役所、それだけの人員をもって、全国にわたる郵便事業を運営していったのであった。

生母てい

このころ（五年秋ごろ？）密は番町から、深川清住町（現在の東京都江東区清澄）に転居している。新しい「邸は嘗て松平不昧公（松江藩主治郷）の住居にして、潮入の庭園広く、且雅趣に富み、二千坪許りの池ありて、其中に五、六坪の築島あり」、密はすこぶる気に入った（「自叙伝」）。その新邸に、やがて久しく別れていた生母ていを呼び寄せた。

密の母ていは糸魚川の相沢家に寄寓していたが、嘉永二年に弟文仲が客死したのち、相続にまつわる争いの余波で、同家を追い出され、近傍にわび住いをしていた。ところで頸城郡大蒲生田（現在の新潟県中頸城郡頸城村大蒲生田）の旧家、井沢治郎右衛門は、すでに妻を失っており、やがてていを迎えて後妻とした。ていが再婚したのは五十四歳ごろと思われる。治郎右衛門は一歳の年長であった。

ていは、こうして二十年余りを井沢家で暮らしたが、明治四年六月、治郎右衛門と死別する。そこで密は深川の邸宅に母を迎え入れたのであった。すでに密のもとには、養母にあたる前島氏と、妻仲子の母の清水氏とを引きとっている。ここに母ていを迎え、密夫妻は三人の母に仕えることになった。のち、深川木場に別宅を設け、母ていを安居させた。ちなみに、ていは明治十一年、八十四歳で安らかに永眠した。

以上、ていの後半生については、従来まったく知られるところがなかった。最近に至って井沢家に蔵する文書や書簡類が公表され、ていの再婚が明らかとなったのであった（『上越新聞』昭和六十二年五月十日号）。

元日の年賀

さて太陽暦を採用のため、明治五年は十一月三十一日（実際は十二月二日）をもって終わり、翌日が明治六年（一八七三）一月一日となった。密が元旦の祝賀に参内し、帰宅すると、駅逓寮の職員三十名ばかりが年賀に訪れた。屠蘇や酒肴の接待にも、それだけの用意がない。家内中が大騒ぎとなり、あとで大いに苦情を聞かされた。前年の来客は十数名であったのが、駅逓寮の規模が大きくなり、年賀の客もふえたわけである。密は「之を嘉例とし、年々元日には多く来り易き様に門を開き、其食膳の数を増し、明治十四年には三百五十人前を用意するに至」った（「自叙伝」）。明治六年、密は三十九歳になっている。

八　新聞と郵政事業と

新聞紙の取扱

明治四年十二月、長崎までの郵便が開設されるとともに「日誌ならびに新聞紙」の取扱いが始められた（一三三ページ参照）。ここにいう〝日誌〟とは「太政官日誌」などの刊行物をさしており、のちの〝官報〟にあたるものと言えよう。また当時〝新聞〟といえばニュースそのものをさしたから、ニュースペーパーは新聞紙と呼ばれた。それらの郵便料金は目方にかかわらず、書状の半額であった。

ところが新聞紙の郵送を取扱うといっても、新聞そのものが発達していない。日刊紙としては『横浜毎日新聞』の一紙があるだけであった（明治三年十二月八日発刊）。そこで密も次のように回想している。

凡そ法律規則は　其必要ありて而して後に設けらるべき筈なるに　未だ其必要を生ずべき新聞紙　其ものすら興らざるに先て　其送達に関する規則を設定するは　大早計たるものの如し　是れ所謂欧米に模倣する反訳法律の病なりとて　余は一旦　躊躇し

たり　然れども余が眼中には　必らず起るべき　時勢の映射し来りて　最早や新聞紙なる胎児の分娩の期に迫り　而かも健康に　急速に　非常の成長　発達を見るべき徴候を観察せしかば　何時出産するとも差支へなき様の準備を　為す所なからざるべからず……（「事務余談」）。

欧米を巡遊した密は、その地で新聞が大きく発達し、ひろく普及しているさまを実見していた。しかも新聞は、まず手書きの書状通信から、印刷された紙面へ、さらに定期刊行へ、という発展の道をたどってきたのであった。しかも初期の新聞には、郵便局長が発行し、郵便として配達した例が少なくない。新聞の題名に〝ポスト〟あるいは〝メイル〟の語を使用しているのも、そうした歴史を示している。

密は「何トカ早ク新聞紙」を世に出したいものと、さかんに勧誘してまわった。そのあげく「遂に思に堪へかね自ら進みて之を出産せしめんことを謀るに至」ったのである。たまたま日本橋横山町で書籍業を営み、また郵便取扱人になっていた太田金右衛門が、密の誘いに応じた。ただ太田は、出版について経験あるものの、新聞となれば「新聞種即ち記載事項を得るの方法に困難すべし」と訴えた。そこで密は「特に新聞原稿の逓送郵税を免じ　且つ各地方官にも照会して　広く四方の景況を聚収する方法」を図ろうと告げた。ここに太田も決意し、新聞の発刊にふみ切った。

郵便報知

こうして明治五年六月十日に創刊されたのが『郵便報知新聞』である。体裁は雑誌に似て、半紙二つ折六枚を綴ったものであり、月五回の刊行であった。これにさきだって二月には『東京日日新聞』が発刊している。いまの『毎日新聞』の前身であり、東京最初の日刊紙であった。三月には『日新真事誌』が発刊された。

そこへ『郵便報知』が加わった。発刊の社告には、ひろく読者に対して、珍談奇談はもとより、各地の物産や耕作の状況、災害の類まで、ありのままに記して送られたい、と訴えた。各地のニュースが郵便で送られることを期待したわけである。また新聞の代金と郵送料を受取った上は「毎号順序を逐ひ郵便を以て御届」けする、と記していた。

このようにして『郵便報知』は発足した。発行者は、郵便取扱人（のちの局長に当たる）の太田金右衛門であったが、背後に密がいて指導にあたった。つまり太田は「起業に幹たる材能に乏しきより 余（密）は傍に在りて 専ら其方法を書き 編集専務者としては駅逓寮より 属員の小西義敬なる人を野に降して 之に当らしむる等」さまざまの斡旋をなしたのであった。

新聞の郵送

六年六月に至って『郵便報知』も日刊が実現される。そして七月から、かねて密が約

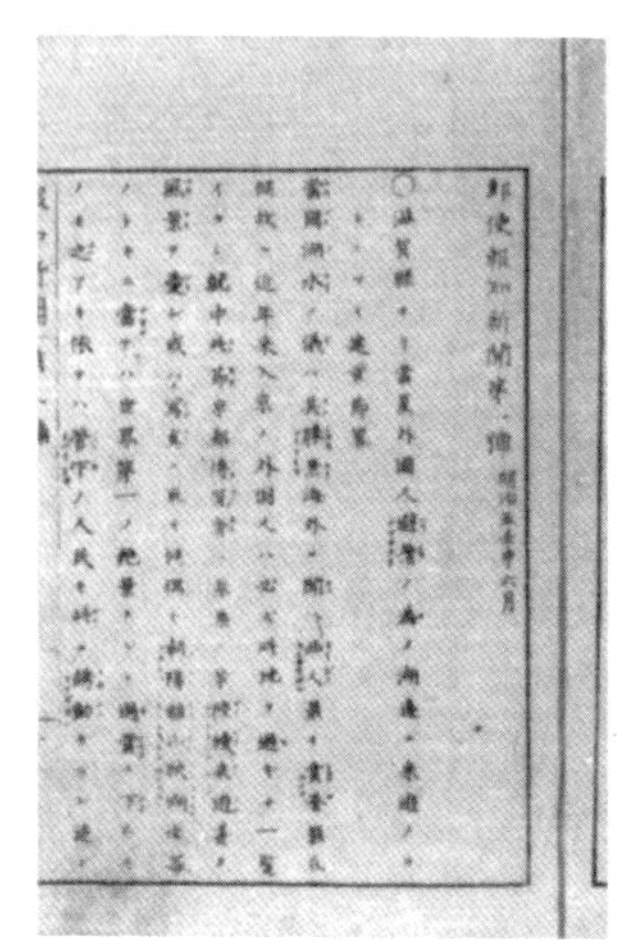

郵便報知新聞第一號

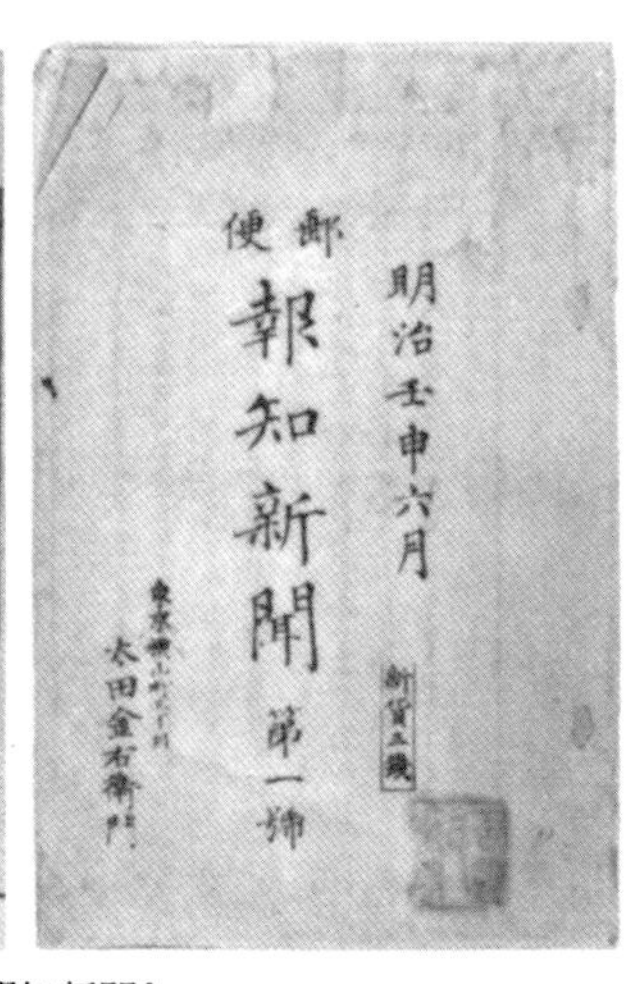

明治壬申六月

郵便

報知新聞 第一號

太田金右衛門

『郵便報知新聞』

東したように、新聞の原稿は無封または開封に限り、四匁まで無料、とされた。全国各地のニュースが、郵便によれば無料で、発行元に届けられるようになった。そして戸毎配達が実現されていない当時、新聞は郵便によって読者のもとに配達された。

しかし「新聞紙の逓送は 郵便の収支上大損失」があった。すなわち「東京より西京に至る一人夫の重量 一荷に付 少くも十円余の損失」となる。そこで駅逓寮の内部においても「斯る損失ある新聞逓送に対して寮頭は何故に熱望さるるやと 或は怪しみ 或は怒りたる者」さえあった（「事務余談」）。そうした批評を、密は一笑に付していた。

さまざまの配慮によって密は『郵便報知』を、また新聞事業そのものを育成する一方で、まったく別箇の新聞を企画していた。当時の新聞は、いずれも難解な文語文を使用していたから、相当の学識ある者でなければ、読解することができない。読みにくい漢字を廃止することこそ、密がかねてから主張してきたところである。そこで密は「友人等をして啓蒙社を起し 全く漢字を用ひざる仮名書新聞を刊行」させた（「事務余談」）。

これが「まいにち ひらがな しんぶんし」である。六年二月に発刊された。半紙二つ折三枚綴りという体裁で、題名のとおり全文ひらがなである。まさしく密の漢字廃止論を実物に示したものであった。発行の趣旨としては、次のように述べている。

官の布告 其の他の公文は勿論、内外重要の事、何にても 漢字を藉らずして、仮名で書けると云ふことを示し、一は漢字廃止の主張を実にせんため、又一は漢字を知らざる蒙昧の者に 毎日の重要事項を知らさん為め試みた。（『逸事録』）

本文では、すでに分かち書きを実行していることも、注目されよう。それにしても、かなだけではやはり、読みにくい。しかも当時、一般の民衆にはまだ新聞を読むという習慣が、芽ばえていなかった。新聞を購読するほどの人士は、漢字漢文に通じている。したがって平仮名新聞紙は、まったく無料でくばったが、資本が続かない。その年のうちに廃刊となった。

さて明治五年から六年にかけては、新しい交通機関が開設されるとともに、郵便の運送も脚夫の脚(あし)に頼るだけでなく、乗りものを利用するようになっていた。

何よりも大きなできごとは、鉄道が開通したことであろう。鉄道は五年五月に、まず品川-横浜の間が開通し、ついで新橋まで延長されて、九月十二日（十月十四日）には鉄道開業式が盛大に挙行された。かつて密

紀元二千五百三十三年第二月　定価百五十文

まいにち　ひらがな　しんぶんし　だい六ばん

東京相生橋通蛎田淡路町弐丁目　日新社　発兌

がな　しんぶん』

は『鉄道憶測』を起草し、この開化の機関にも大きな関心を寄せている。そこで鉄道が開業すると、さっそく郵便物の鉄道運送に関する約定書を結んだ。これより鉄道の路線が拡大するに従って、郵便物の列車による運送の範囲もひろげられてゆく。そして鉄道郵便の制度が確立したのであった。

　しかし明治五年には、鉄道も新橋－横浜の間を走るのみである。東海道線が開通するのは、ずっと遅れて明治二十二年であった。郵便物をいっそう速く運送するため、密が

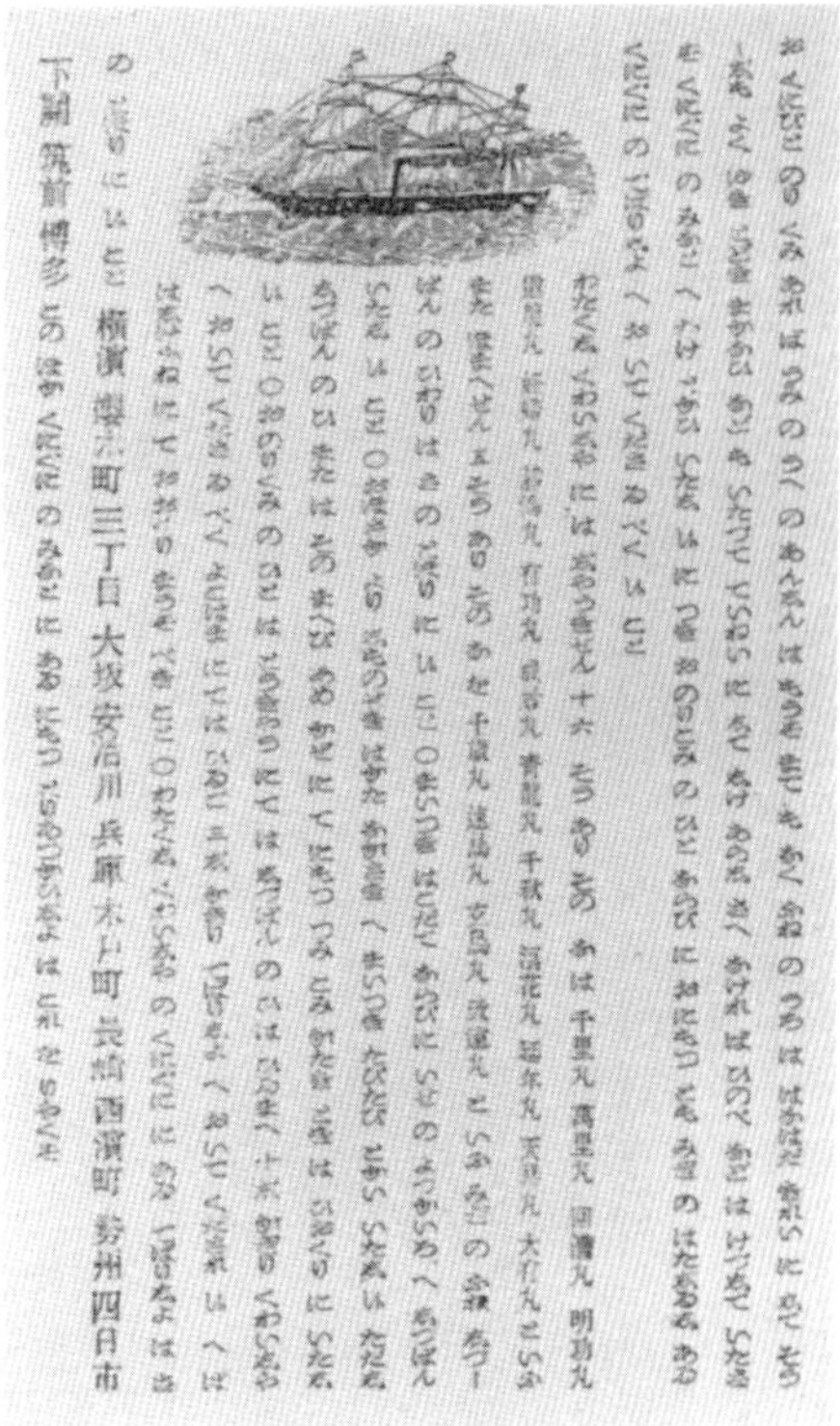

『まいにち　ひら

思いついたのは、人力車の利用であった。人力車こそは、日本独特の発明であり、明治三年には東京の市内で営業を始めていた。そこで密は、東海道の主要な駅に人力車を配備し、五月二十日から運送を開始した。しかし「挽夫の不慣なると使役者の不注意なると将た道路の悪しきなるとによりて」、車の損傷が多く、かえって脚夫よりも遅れがちとなって、七月末には人力車の利用も廃止されてしまった。

わが国では道路の事情が悪いために、馬車が発達しなかった。人力車も、西洋の馬車にヒントを得て、馬のかわりに人力を用いたものである。密は人力車とともに、馬の使用も考えた。たまたま五年三月には、東京の市内に一日に三回の配達が開始された。これを機会に、乗馬による集配を実施したのである。その姿は「宛も騎兵が出陣の時の行装の如く鞍の左右に帆木綿製の袋を弔し之に郵便物を盛りて走る」というものであった。町ゆく人びとは「其異形奇装に驚きて途上に目迎顧送し余(密)は又之を視て郵便を広告する好箇の方便」になると喜んだ(「事務余談」)。

そもそも密は、乗馬よりも馬車の使用を考えていたのである。すでに高崎(群馬)では民間から馬車を走らせたい、という要望が出され、馬車の運行を願い出ていた。よって駅逓寮は五年正月、これに「郵便馬車」の名称を付し、東京-高崎の間に運行することを認可した。かつ馬車会社には資金を貸与し、無償で郵便物を運送し、配達することを命じた。わが国でも、郵便馬車が実現したのであった。

ついで東海道にも、道路のよい地区には郵便馬車を走らせた。ただし道路の悪い地区は、脚夫が走る。東海道の馬車は、陸運元会社に経営させた。なお陸運元会社は明治八年二月、内国通運会社と改称し、各地の陸運会社を統合して、全国の陸運を統轄するに至る。こうして郵便物の一部、また貨物の運送配達は、内国通運によって行なわれることになった。

海運の振興

次は海運である。明治の初めに通商司が置かれ（二年八月より大蔵省に）、その配下に廻漕会社を設けて、政府の所有船を管理した。しかし廻漕会社は、いっこうに振わない。その上、四年七月には通商司も廃されて、商船を管理する機関もなくなった。かねてから海運の振興を主張していた密は、こうした状況を見て、駅逓寮の取扱う事務のなかに、水陸運輸の管理を加え、海運の振興に乗り出した。

郵便蒸気船会社

折りから廃藩置県によって、各藩が所有していた数隻の汽船が、大蔵省に属する。密は、これらの汽船と廻漕会社の所有船とを合わせ、民間に払い下げて、五年八月には帝国郵便蒸気船会社を設立させた。会社には補助金を与えて、東京-大阪、および函館-

石巻(いしのまき)の間を運航させ、郵便物を無料で運送させた。

しかも「当時の人々は海運の事務に幼稚なりしかば百事皆余(密)が指揮を要した」のであった。密は、その「監督には大(おお)いに力を致し巍然(ぎぜん)たる東洋の一大汽船会社」に育てあげようと、ひそかに期待していた。それ故にこそ社名には〝帝国郵便〟という四字を付けたわけである。しかし「社員の事務に幼稚なる」と「船員の不熟練なる」とにより、しばしば運航はとどこおり、業績も不振となって、八年六月には会社も解散のやむなきに至った。かわって海運界に乗り出してきたのは三菱会社である。密と三菱との関係については、次章にくわしく述べたい。

郵便の政府独占

初期の二つ折「郵便ハガキ紙」

この間に、郵便事業そのものも、新しい発展をとげている。明治六年に至れば、郵便の線路は北海道の全域(国後をふくむ)から、九州の南方諸島にまで達し、おもだった町村には、ことごとく郵便取扱所の開設を見た。ここにおいて密は、いよいよ近代郵便の制度を確立しようと

外国郵便用の「はがき」

目ざす。すなわち「郵便罰則ヲ立テ及ヒ郵便賃銭ノ称呼ヲ止メテ之ヲ郵便税トナシ　且国内一般　遠近同等ノ税額ヲ課スヘキ　其草按ヲ上程シ　以テ郵便ノ本基ヲ確定」したいと建議した（「行き路」）。

この建議が採用されて、六年三月には「改定郵便規則、郵便犯罪罰則」が公布され、四月一日から施行された。郵便は国営であるが故に、民間の営業とまぎらわしい賃銭の称呼をやめ、郵便税と呼ぶ。その料金も従来は距離によって違っていたものを、全国均一とする。書状の料金は、二匁ごとに二銭となった（市内は半額）。さらに五月一日、信書の送達は駅逓頭の特任とすることが令せられた。ここに郵便の政府独占が確定し、飛脚業の信書送達は、まったく禁止されて、近代郵便の制度が確立した。

郵便取扱役

こえて八月には、それまで郵便取扱人という名称も、郵便取扱役と改められた。いかにも役人らしい名称となり、郵便事業の末端をになったが、待遇そのものは従来と変わらない。その間に、政府における密の地位にも異動があった。

大蔵省三等出仕

六月十五日、密は大蔵省三等出仕に昇進し、駅逓頭を兼任した。続いて十七日には「大蔵輔（すけ）ノ心得ヲ以テ事務取扱可致事（いたすべき）」を命ぜられている。というのも、大蔵大輔（たゆう）の井上馨と三等出仕の渋沢栄一が、財政改革に関して異議をとなえ、五月十四日に下野して、大蔵省の首脳部が欠員となったためである。なお大蔵卿の大久保利通は、遣欧副使として四年十月から外遊しており、五月末に帰朝したが、折りからの征韓論議にまきこまれることを避け、出仕していない。かわって大隈重信が事務総裁という形で、省務を主宰していた（十月二十五日、大蔵卿に就任）。

はがき発行

十二月一日には、初めて「郵便はがき」が発行された。額面は書状の半額である。ただ当時は厚手の紙がなかったので、その形は後のものと違って、二つ折の薄紙であった。単葉の形の「はがき」が発行されるのは、八年五月のことである。

ところで「はがき」とは、どういう意味なのであろうか。ヨーロッパでは、おおむね〝Post card〟すなわち郵便カードと称している。カードの語は古くからわが国に伝えられ、ポルトガル語の〝カルタ〟から転じて〝かるた〟の語となった。したがって「はがき」は〝カード〟を訳した語ではない。

六年十一月の布告には「郵便ハガキ紙」と記され、十二月発行（第二次）の現物には「郵便はかき」と示された。しかし翌七年五月に発行された『駅逓寮第二次年報』（密の執筆）には、漢字で「端書」と記されている。そして十二年からは「葉書」と記されるようになった。ただし十二年以後に発行された外国郵便用の「はがき」における表示には、明治の末まで「端書」となっている。

端書か、葉書か

いったい〝はがき〟は「端書」なのか「葉書」なのか。これについて密は、次のように述べている。

> 郵便葉書なる名称は　青江　秀氏の注意に由りて定めたるものなり……是より先き余は西洋に於て　其紙片を呼びて「カード」と云ひ　殆んど普通の名称となり居れるを思ひ　矢張本邦にても其儘「カード」なる辞を採用せんかとも考へしかど　若しも好き訳字もがなと　多くの学者にも問ひ試みしに　適当の文字を得ざりし……氏は余に云て曰く　這は勉めて世人の耳に解知し易き名称こそ可なるなれ　惟ふに　足下の意も亦然るなるべし　果して然らば　葉書なる名称を付すること　語に於て知り易く義に於て当を得たるにあらずやと　余は之を以て然とし　乃ち郵便葉書なる一名称を公発するに至れり（「事務余談」）

さらに後年には「世間でも当局者迄が端書と書くけれども是は葉書の意味なのです」と述べた(「郵便創業談」)。こうした密の口述から「はがき」の原義は「葉書」であるとの説が、一般となった。しかし元来、わが国に「葉書」という語はなかった。葉書とは、まったくの新造語である。むしろ当時の人びとの耳にわかりやすく、語としても知りやすい古来のことばは「端書」であった。

さて「端書」とは、字のとおり〝はしがき〟の意味である。古くから消息や覚書を紙片の端に書きつけて〝はしがき〟あるいは〝はがき〟と呼んだ。転じて伊勢では、一種の紙幣を発行して、伊勢端書または伊勢羽書と称した。また江戸では、銭湯の代金を前納すると、小さな紙片を湯札として渡し、それを端書と呼んだ。

おそらく青江は、こうしたところにヒントを得たものであろう。それ故に当初は「端書」と記した。あとになって現われる「葉書」の文字を元来のものとする密の見解は、誤解にもとづくものではなかろうか。

とにかく駅逓頭としての密は、多忙をきわめていた。本官は大蔵省三等出仕であったが、駅逓寮の仕事だけでも精いっぱいである。それ故、三等出仕を辞して、もっぱら駅逓の事業に精力を集中したいと、しばしば上申もした。実際のところ、九月からは「大蔵省ニ出頭セス専ラ駅逓寮ニ出勤」していたのである（「行き路」）。

内務省新設

その間に政局は、征韓論をめぐって大揺れに揺れていた。十月には西郷隆盛をはじめ征韓派の諸参議が、いっせいに辞任した。そのあとをうけて、十一月には内務省が新設され、大久保利通が参議にして内務卿を兼ねた。これより内務省は太政官の中枢的地位を占め、大久保が事実上の宰相として、独裁に等しい権力を行使するに至る。

内務大丞に任命

七年一月九日には、駅逓寮も大蔵省から内務省に移管された。密もまた、内務省に属することとなり、当然ながら大蔵省三等出仕を解かれて、専任の駅逓頭となった。密の願いはかなえられたかに見えた。しかし一月二十九日には、内務大丞に任ぜられ、駅逓頭は兼任とされた。大久保の推挙によるものに違いなかった。

後述するように「駅逓の事務は日を逐うて増大」している。すでに密は「朝に門を去て夜十時頃家に帰り、更に十二時に及んで猶廻議書を検閲し、或は新案を草する如きは珍しく」くない、といった毎日である。その上に「大丞の本務とありては或は職務に堪へざるべきやと思ひたるも、精の続かん限りを試みんと発憤して」拝命したのであった。これからも以前と同じく「午前を以て本省の事務を執り、十二時前後に本寮に出勤」する日常をくり返した。駅逓寮の建物も以前のまま「廃朽した家屋」である（「自叙伝」）。

この前後、密が心身を傾けていた事業は何であったか。一つは国際郵便の開設であった。また一つは為替および貯金の創業であった。国際郵便と、これに関係する事業については、次章に述べたい。

さて密が近代郵便の制度を立案したとき、「郵便為替ナド之レニ連理セル緊急ナル枝条ノアルヘキコトハ全ク想像ニモ及バ」なかった（「行き路」）。目を開かれたのは外遊のときで、とくに英国においては郵便為替が発達している状況を、つぶさに見聞し、かつ体験した（前述）。帰朝ののちは、ただちに為替の開設を企図したけれども、まだ一般の銀行さえ開業していない状況のもとでは、とうてい実現は困難であった。

明治五年になって、密は為替の規則や施行案を起草し、大蔵省に建議した。そのころ大蔵省を主宰していた井上（馨）大輔（大久保卿は外遊中）は、趣旨に賛成はしたものの、資金を下付することに難色を示した。為替を取扱うことのできる人員がない、との理由であった。実際のところ「本邦人にして簿記法を学びたるもの皆無」の状態であった。

国立銀行条例が公布されたのも、五年十一月である。六年六月に至って、東京第一国立銀行（第一勧業銀行の前身）が開業され、それより各地に国立銀行が設立されてゆく。しかし国立銀行は紙幣を発行しても、支店がないから為替は取扱わない。

郵便為替は、ようやく「明治六年ノ末コロヨリ少シク允許ノ端ヲ開キ明治七年ノ秋ニ至リ実施ノ準備」が始められた。すなわち七年九月、郵便為替規則が制定され、全国を通じ、百十ヵ所（の郵便局）で八年一月二日から郵便為替を取扱うことが公布された。よって「其取扱役ヲ本寮ニ喚ヒ寄セ之ヲ伝習セシムルナド種々繁雑」をきわめたのであった（「行き路」）。資金の調達など、創業の事務を密は一手にとりしきった。

貯金創業

郵便為替に少し遅れて、八年五月二日には貯金の取扱いが、東京および横浜において始められた。当時は、もちろん銀行も金銭を預るという事務は開いていない。したがって貯金といえば、いまの〝郵便貯金〟のみであった。

貯金もまた為替と同じく、早くから密が立案していたのである。しかし当時の国民には、金銭を一定の機関に預けるという習慣がなかった。そこで苦心の末に開業し、広告につとめても、実際に貯金をする者は、きわめて少ない。為替がたちまち普及したのにくらべて、貯金の業務は振わなかった。時機なお早かったとも言えよう。しかし後年における郵便貯金の発展を見れば、たしかに密には先見の明があった、と言わなければならないであろう。

九　国際舞台への進出

外国郵便の開業

明治八年（一八七五）、密は四十一歳に達した。この年一月一日から日米郵便交換条約が実施され、外国郵便が開始されたのである。しかし一般には、外国郵便の開始がどのような意義を有するものであるか、知る者もほとんどなかった。密は回想している。

……久しく侵害せられたる郵便上の我国権を爰に恢復したるものにして此一月一日こそ帝国々史に特書すべき一大吉辰なれ……而して三千有余万の帝国臣民は如何に此吉辰を祝したりしや安んぞ知らん特に之れを祝したる者は余が深川の旧邸に来集し厳粛に容儀を正し快活に歓喜を顕し以て杯を挙げ声を放ち帝国万歳、郵便万歳を唱和したる駅逓僚属百余名なるべきを。（「事務余談」）

外国郵便開業式

こえて一月八日、新築の横浜郵便局において、外国郵便の開業式が行なわれた。その局舎は、密みずから建築の図案を引いた洋風木造の二階建てである。当日は「楼上楼下に無数の球燈を掲げ門口には菊花紋形の大瓦斯燈を点焼し海軍軍楽隊をして吹奏」を

在日の外国局

行なわせた（「事務余談」）。太政官の高官をはじめ、各国公使、書記官、領事たちを招待しての盛儀をくりひろげた。さらに密は「郵便の如何なる物たるを広く知らしめん為め、当日の景況を四枚綴きの錦絵に作り、配布し或は販売せしむる等の事をも為せり。然るに横浜市人の之を見る者は、郵便会社が大なる新築をなし、又盛大未曾有の宴会を開くなどは、全く巨利を収むる為ならん、不埒の奴なりと、余を罵りたりと云へり。是れ単に横浜人のみならず、東京市人も本局を郵便会社、余を其会社の親方と云ひしは久しき間なりき」という状況であった（「自叙伝」）。

「横浜郵便局開業之図」

密は英国に派遣されていた時から、外国との郵便交換を実現させねばならぬ、と痛感していた。そこで帰朝するとただちに、横浜の居留地に設けられていた英米仏の郵便局を訪れ、所長たちと面談した。密は、各国から「我国人に宛て送り来りたる郵便物、特に開港場外の我国人に宛てたるものは如何の手続を以て取扱はるるにや」と問うた。ところが「通信の道なき国土に住する人民は、気の毒ながら通信の便を得ず」との答えである。つまり開港場の外ならば、たとえ横浜市内でも配達しない。さらに「日本政府 及其官衙に宛名したる郵便物にても 別段の手数を為したる者に非ざれば之を配達する能はず 否な配達せんと欲するも 其道なく其義務もなきなり」というのであった。日本国民は「己れに宛てたる郵便物の 万里の波涛を越へて面前の局舎に迄 来りたるにも拘らず之を受取る」ことができない。この問題を解決できるのは「余を措て誰かある」と改めて密は思い立った（「事務余談」）。

とりあえずの方法として、英米仏三国の郵便局に設けてある私書箱を、駅逓寮が借り受けた。日本人あての郵便物は、この私書箱に投入してもらい、いったん駅逓寮が受取ってから、本人に配達する。また国内から海外あてに差出す郵便物は、いったん駅逓寮が受取り、駅逓寮が外国の郵便局におもむいて、その国の切手を貼り、差立てる。こうした方法が、明治五年『郵便規則』のなかに「海外郵便手続」として布告された。

当時、国際郵便は、二国間の条約によって手続や料金が定められていた。わが国も郵便交換条約を、いち早く結ばねばならない。しかし条約の締結には、高度の専門知識を

ブライアン

必要とする。わが国には、そのような専門家がいない。悩んでいた時に、たまたま来朝したのが、米人ブライアン（S.M.Bryan）であった。

ブライアンは「華盛頓(ワシントン)駅逓院外国郵便課ニ勤メ頗ル其事務ニ熟シ」た者で、日本政府

FORM F.

TABLE OF FOREIGN POSTAGES.

Showing the Countries to which, and the terms and conditions on which Letters, Newspapers and Prints of all other kinds may be forwarded in the Mails from Japan under the Postal Convention with the United States, of the 6th day of August, 1873 and the additional Convention of the 26th day of April, 1875, the same to be in full force and effect on and after July 1st, 1875, until further notice.

COUNTRIES.	Letters.		News-papers.	Prints of all other descriptions.				
	[illegible]	For Registration.	[illegible]	[illegible]	[illegible]	[illegible]	[illegible]	
Australia, (except New South Wales via San Francisco).	25	...	6	*	...	...	...	...
Austria via Bremen or Hamburg	21	23	7	6	8	14	14	P.
Austria via Cologne.	22	23	8	7	10	16	16	P.
Bahamas.	18	...	6	*	...	...	...	...
Belgium.	23	23	8	...	...	16	16	P.
Belize (British Honduras).	33	23	8	...	...	18	18	...
Bermuda.	25	...	6	*	...	...	...	...
Bolivia.	37	23	8	...	...	18	18	...
Brazil.	30	25	7	6	7	14	14	...
British Columbia.	21	20	6	*	...	...	...	...
Canada.	21	20	6	*	...	...	...	...
Chili.	37	23	8	...	...	18	18	...
Costa Rica.	25	...	6	*	...	...	...	...
Cuba.	25	...	6	*	...	...	...	...
Denmark.	[illegible]	23	8	7	10	16	16	P.
Dominica.	25	...	6	*	...	...	...	...
Ecuador.	35	...	6	*	...	...	...	...
Egypt via Bremen or Hamburg.	[illegible]	23	13	8	12	20	20	...
France	24	25	7	6	8	14	14	P.
Germany via Bremen or Hamburg.	21	23	6	6	8	14	14	P.
Germany via Cologne.	22	23	7	7	10	16	16	P.
Gibraltar.	31	31	8	8	12	22	22	...
Great Britain and Ireland	21	23	6	6	8	14	14	P.
Greece via Bremen or Hamburg.	29	23	13	12	14	20	20	...
Guatemala.	25	...	6	*	...	...	...	...
Hayti.	25	...	6	*	...	...	...	...
Holland.	23	23	8	...	...	16	16	P.
Italy.	23	23	8	...	...	16	16	P.
Malta.	31	31	8	8	12	20	20	...
Mexico.	25	...	7	6	7	14	14	...
New Foundland.	21	20	6	*	...	...	...	...
New South Wales.	27	25	6	...	...	12	12	...
New Zealand.	27	25	6	...	...	12	12	...
Nicaragua.	25	...	6	*	...	...	...	...
Norway.	25	23	8	8	10	16	16	P.
Peru.	37	23	8	...	...	18	18	...
Portugal via Bremen or Hamburg.	26	23	10	7	10	17	17	...
Prince Edwards Island.	21	20	6	*	...	...	...	...
Russia †	26	23	11	8	13	19	19	...
Salvador.	[illegible]	...	6	*	...	...	...	...
Sandwich Islands.	21	...	6	...	...	12	12	...
Shanghai.	6	8	2	2	2	4	4	P.
Spain via Bremen or Hamburg.	[illegible]	...	10	7	10	17	17	...
Sweden.	24	23	8	8	10	16	16	P.
Switzerland.	23	23	7	6	8	14	14	P.
Turkey via Bremen or Hamburg.	30	23	11	10	12	18	18	...
United States.	13	13	4	4	4	8	8	P.
Venezuela.	25	...	6	*	...	...	...	...
West Indies (Danish).	25	...	6	*	...	...	...	...
West Indies (Not hereinbefore named).	33	23	8	...	...	18	18	P.

The Asterisk (*) indicates that the postage on prints, other than Newspapers is 6 cents per 4 ozs. or fraction thereof.

The Letter (P) indicates that patterns and samples may be sent at the rates given for prints of all other descriptions.

(†) The Postage on patterns and samples to Russia is 19 cents per 4 ozs. or fraction thereof.

GENERAL POST OFFICE,
Tokei, June 20th, 1875.

H. MAYESIMA,
Postmaster General.

外国郵便料金表

が多額の俸給をもって外国人の技術者を雇い入れていることを知り、来日したのであった。そして「公使デロング氏ニ依リ　外国郵便ノ事業　即チ米国政府ト郵便交換条約ノ議ヲ開カレンコトヲ建白」した。密は「実ニ得難キ時機ナリトシテ之ニ応ジ」たわけである。明治六年二月、ブライアンは駅逓寮のお雇い外国人として採用された。月俸は四百五十円である。卿と同額であった。駅逓頭の密でさえ三百五十円であった。

日米郵便交換条約

日米郵便交換条約は、ブライアンの尽力によって明治六年すなわち一八七三年八月、ワシントンで調印された。条約の実施によって、日米の間では対等に郵便物の交換をすることができる。日本の切手を貼った郵便物は、米国に送達され、さらに米国をへて、米国が郵便条約を結んでいる諸国すべてに送達される。日本国内にある米国の郵便局は廃止され、米国に関する限り、日本の郵便主権は回復される。しかも日米の間、太平洋に定期航路を開いているのは、米国の太平洋郵船のみであり、郵便物ももっぱらこれに頼って送達される。この点は日本にとって、まさしく大きな負い目であった。

条約の実施は、八年一月一日と定められた。外国郵便の開業にあたって、密たちが周到の準備をかさねたことは、いうまでもない。郵便局の新築に、英語に通じた職員の養成に、夜を日に継いでの努力を続け、ついに開業の日を迎えたのであった。

英訳「駅逓寮年報」

当時、外国人はなお日本を未開の国と見なし、その業務にも不信感を抱いている。そこで密は、みずから執筆している『駅逓寮年報』を「英訳シテ之ヲ外国人ニ公ケニセシヨリ　初メテ信ヲ置ク」に至った。そもそも「日本政府内部ノ事ヲ外国人ニ公示シタルハ　之ヲ以テ最初トス　他ノ省院モ其年報ヲ公示スヘシト　彼ノ新聞紙ニテ賛賞シタリシ（駅逓頭コソ）開化ノ第一流ヲ占タルナト　嘖々ト過賞ヲ得ルニ至」ったのであった（「行き路」）。

琉球への郵便

これよりさき、明治五年十月、政府は琉球国王を琉球藩主とし、華族に列した。ついで琉球藩と各国との条約および交際は、外務省の管轄とすることを通告した。すなわち琉球を「藩」として、日本国に編入したわけである。それまで琉球国は清朝に対しても属国としての礼をとっており、いわば両属の形であったから、日本の措置は当然、清朝からの異議を招くものであった。

ここにおいて密は明治六年に至り、駅逓寮の官吏を琉球藩に派遣し、藩内に日本郵便を通じるよう、藩庁と折衝に当たらせた。藩内の業務は内地とまったく同様であり、郵便局所の開廃や職員の任免も、駅逓寮の管轄とする。出張の官吏に対し、密は説いた。

今回の措置は、まず郵便線路を藩庁まで通じることにある。しかしもっとも希望するところは、藩内の諸島にあまねく線路を通じることであるから、なるべく多くの局所を設けられるよう、努められたい。設置の事務は駅逓寮に属する。経費は税として徴収することにせよ。もし藩主が反対し、藩費を用い藩務として実行したいと言うときには、郵便が政府独占の事業であることを示し「恩威並び説きて此目的を達すべし」と。

こうして一方では郵便蒸気船会社に命じ、七年一月から琉球との間に郵便船の往復を開始させた。首里や那覇などに郵便仮役所、その他の要地に郵便取扱所の開設を強行したのは、三月二十日であった。密としては、やがて琉球の帰属が争われるとき、郵便の開通をもって「本邦の版図領域たるを明に」証拠だてよう、と意図していた。

のちに大久保は琉球の帰属問題に対処したとき、手をうって言った。「政府が 島藩の封内に於て直接施行の新政は、先づ前島君の郵便を推さざるべからず、予は殊に其の開設の頗る其体を得しを喜ぶ」と（以上「夢平閑話」）。

台湾出兵問題

このころ政府の部内では、台湾出兵の論議がさかんであった。去る四年十月、琉球の島民が暴風にあって台湾の南端に漂着したところ、五十余名が原住民に殺害された。いまや琉球は日本領であるから、日本国民に危害を加えた原住民を「征伐」しよう、というわけである。清朝の高官も、台湾の原住民は〝化外の民〟であると言明していた。

しかし遠く台湾の南部に兵員を送るには、輸送船が必要である。遠洋の航海に、郵便蒸気船会社は役に立たない。折りから海運界に頭角をあらわしてきたのが、岩崎弥太郎の三菱商会であった。政府は外国から十三隻の汽船を買入れ、その運用を三菱に委託して、軍需輸送を申しつけた。台湾遠征に従事したことで、三菱は莫大(ばくだい)な利益を得た。

三菱商会

政府において台湾遠征の挙を推進したのは、参議兼内務卿の大久保利通であり、同じく大蔵卿の大隈重信であった。大久保は出兵問題を交渉するため、清国に派遣され、十一月末に帰朝した。大隈は台湾蕃地事務総裁を兼ね、しかも本務は大蔵省にあったから、政府が購入した汽船は大蔵省の管轄に属することとなった。

そこで大蔵省は民間と合弁の上、定期航路を開設しようと計画した。すなわち所管の汽船をもって上海まで航行させ、しかも英国郵便局が差立てた郵便物を運送した。これを知って、密は怒った。駅逓寮には管船課が設けられ、海運の事務を管掌している。大蔵省が独断で航路を開くは不法であると、同省に迫り、また運航に当たった三菱会社に対しては、たとえ治外法権によるとも、郵便物を取扱うことは不当であると、厳重に注意した。ただ大隈卿は知らなかったことと考え、一応の抗議にとどめたのであった。

商船管理方針

ここにおいて密は、いち早く商船管理の方針を立てねばならぬ、と痛感した。そこで大久保内務卿が帰京するのを待った。このたびの建議のような大方針は、大久保のような人物でなければ、決断し実行する力はない、と考えたからである。建議書を草し、建議書では、次のように論じた。

海運振興三案

「現在の状況にては、わが国の海運業は、やがて外国の商船に圧倒せられ、国家経営の上にも多大の損失をこうむるに至るであろう。政府としては、大いに力を致して、一方ではわが海運業を誘導して振興させ、他方では外国と競争して駆逐する方針を定めねばならない。その方針としては国営、会社および私人の営業、の三様が考えられる」。

「第一の国営では、運用の上にややもすれば機敏を欠き、乗客や荷主の扱いにも感情を害する怖れがある。また適材を官吏のなかに求めることも困難である」。

「第二、会社をして行なわせることは、営業上の本分である。しかし適材を得るのも、またむずかしく、会社が破滅するであろうことは、廻漕会社や郵便蒸気船会社の例を見ても、明らかであろう」。

「第三、私人の有能な者を助けて、従事させることは、将来に独占の弊を招き、他の振興をさまたげる怖れがないわけではない。しかし目下の要求をみたすためには、やむを得ぬ手段であろう。ひそかに信ず、岩崎弥太郎こそ適任である。試みに一年間を託して、その実績をしらべ、然るべしと認めれば、さらに厳格な条件を具備した命令を発せられたい」。

三菱と太平洋郵船

はたして大久保は、この第三案を採択した。明治八年二月、政府所有の汽船を三菱商会に委託し、横浜―上海の間の航路を開かせた。この航路には、すでに米国の太平洋郵船が就航している。両社の競争となったが、船の質でも速度でも、三菱は及ばない。三菱は運賃の引下げで対抗したが、一航海に二万円の損失を出す始末であった。

わが国の海運を維持し、発展を期するには、補助政策をとるのほかはない。密は、岩崎の能力を信じていたが、い

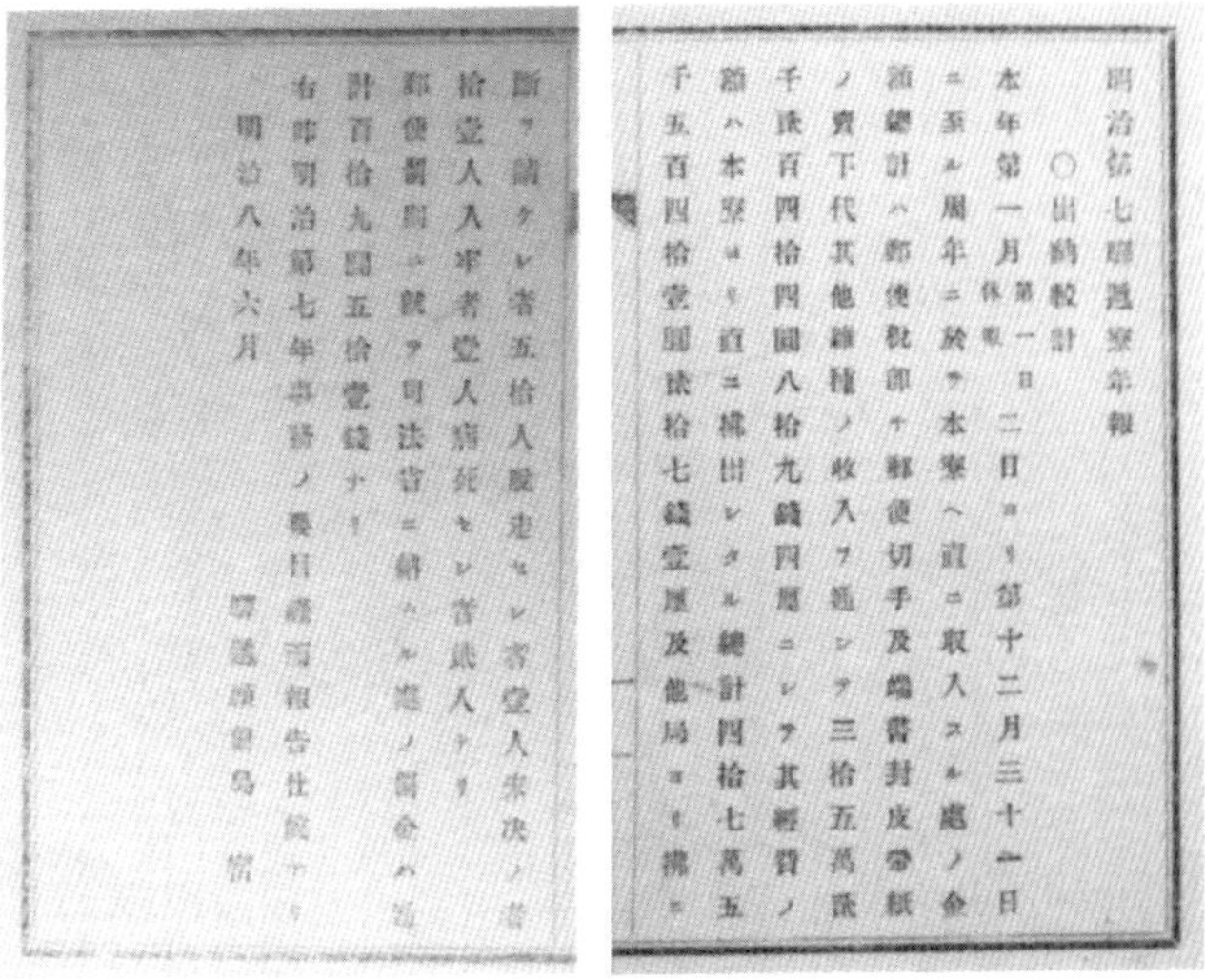

明治七年駅逓寮年報
○出納較計
本年第一月第一日休暇二日ヨリ第十二月三十一日ニ至ル周年ニ於テ本寮ヘ直ニ収入スル処ノ金額総計ハ郵便税即チ郵便切手及端書封皮帯紙ノ売下代其他雑種ノ収入ヲ通シテ三拾五万弐千弐百四拾四円八拾九銭四厘ニシテ其経費ノ額ハ本寮ヨリ直ニ払出シタル総計四拾七万五千五百四拾壱円弐拾七銭壱厘及他局ヨリ払ニ

断ヲ請ケシ者五拾人脱走セシ者壱人未決ノ者拾壱人入牢者壱人病死セシ者弐人アリ
郵便罰則ニ就ヲ司法省ニ納ムル処ノ罰金ハ総計百拾九円五拾壱銭ナリ
右ハ明治第七年事務ノ景况ヲ報告仕候也
明治八年六月
駅逓頭前島密

『駅逓寮年報』

ま「我商業の沈淪不振の際、多数の船舶を常に有利に運用するは蓋し容易の事にあらず。故に其船価及利息を納付せしむるときは如何に寛大に処するも、其義務を果す為に、或は事業の蹉跌を生じ、政府の冀望に副ふ能はざるの虞無きを保せず」と考えた。この際は、むしろ保有の全船舶を無償で下付し、運用を補助すべきであろう、と上申したのである。

官船を三菱に下付

この策も大久保が採用し、太政官の決裁を得た。八年九月十五日、三菱商会に命令書が下付される。すなわち政府所有の十三隻を無償で三菱に交付し、上海への定期航路を開設させる、さらに運航費の助成金として、年額二十五万円を与える、という内容であった。のちに大久保が語ったという、「自分は未だ岩崎弥太郎の技倆を知らず、唯足下を信じて彼を信じたるのみ。随て此等の船は足下に付与する心持なり」と。この言葉を聞いて密は、いっそう責任の重大さを感じたのであった（以上、「自叙伝」）。

三菱会社の独占

三菱は、郵便汽船三菱会社と社名を改め、政府御用の看板を掲げて、上海へ、沿海へと乗り出した。九月には郵便蒸気船会社が倒産するに至ったので、その所有船舶は政府が買収し、それも三菱会社に下付した。

その間にも三菱と、太平洋郵船との競争は続いていた。いっそう激しい値下げ攻勢が

三菱への助成金

展開される。横浜-上海の下等（三等）船客運賃は、はじめ三十円であったものが、八円まで引下げられた。ついに太平洋郵船も、競争の不利をさとった。ここで三菱は、またも政府の補助を請願し、八十一万円の貸与を受けて、十月には太平洋郵船に属する四隻の汽船、および陸上施設の一切を買収することに成功した。いまや上海航路は、三菱会社が独占するに至ったのである。

ここで『駅逓寮年報』により、駅逓寮の収支をみよう。当時の会計年度は、七月一日から翌年六月三十日までであった。さて明治八年度の収入は約六十万円、九年度（一十年六月三十日）は約七十万円であった。これに対する支出のうち駅逓寮の経費は、八年度が約七十一万円、九年度が約七十九万円となっている。つまり赤字であった。その上に、三菱会社に対する助成金の支出があった。八年度は、年度の途中からの助成であったから、七割五分に当たる十九万円弱であったが、九年度は全額の二十五万円が支出されている。

助成金だけでも、駅逓寮の全経費に対して、三割を越す巨額であった。さらに太平洋郵船を買収するための貸与金は、年間の全予算を上回る。それだけではない。密は、優秀な船員の育成にも留意し、三菱会社をして商船学校を設立、経営させた。そのための助成金も、年額一万五千円を下付したのである。この商船学校は、のち国立に移されて東京商船学校となり、現在の東京商船大学に発展する。

当時の苦しい財政のなかで、駅逓寮は驚くばかりの巨額を投じ、三菱会社の発展を図った。やがて三菱が財界に大をなす基礎は、ここに築かれたと称しても過言ではないであろう。しかも、これほどの投資をあえて実行したのは、ほかならぬ密である。

したがって密は、三菱の成長に関して、その「起立者ナリ 保護者ナリト嗷々シテ 或ル偏見者ノ誹譏ヲ受ケ」た（「行き路」）。さらには「三菱より毎月 賄料を受く」との風評」まで立てられた（「自叙伝」）。密にしても、上司の大久保にしても、その身が清廉であったからこそ、国運の将来を考え、一会社に対する助成を断行することができたのである。世間の風評も、いわれなき誹謗であることが、やがて判然とした。ここにおいて世人は「却て（密の）清白を憫むに至」ったという（「夢平閑話」）。

上海に日本郵便局

さて、上海航路の独占は実現された。つぎに立てた計画は、上海に日本郵便局を設立することであった。このことについて密は「曽テヨリ外国政府ノ郵便局ヲ我邦内ニ設立セシムルハ 独立権利ヲ毀損セリト 其引払ノ談判ヲ開キタルニ 今 我郵便局ヲ支那ニ開クハ如何ニモ条理ニ適セサレトモ這ハ是レ支那政府ノ知覚ヲ生スル時ニ譲リ 今ハ是非無シ開クヘシ」と、やはり内心では反省するところもあった(「行き路」)。しかし密も、明治の人士として、国権の拡張を第一に考えていたわけである。

清国に出張

八年十月、密は清国出張を命ぜられ、上海に渡航した。上海において視察したところは、大久保内務卿にくわしく報告している。それによれば、清国にはまだ近代郵便の制度が開かれておらず、上海をはじめ外人の居留地(租界)では、自治体である工部局が郵便業務を取扱っている。ただし、その通信範囲は開港地の間だけで、中国人の居住区域には及んでいない。内地の通信状況もしらべてみたが、飛脚屋のようなもの(民信館)があるばかりで、政府はまったく留意するところがない。したがって郵便局は、いつでも開設できるわけである。

このように述べた密は、わが国が中国の郵便主権を侵そうとしていることを、意に介さなかった。まずは取りあえず、上海の領事館に日本郵便局を付設しよう、と考えた。上海での打合わせを終えた密は、それより香港にまわり、郵便局を視察して、帰朝の途につく。長崎をへて大阪に帰着したのは、十一月二十五日であった。

駅逓寮の昇格

そこで密は「黙せんとして黙する能はざる歓喜の一事」に接した。駅逓寮から電報が届き、その日、駅逓寮は一等寮に昇格した、というのである。そもそも明治四年八月、駅逓司から駅逓寮に昇格したときは、三等寮であった。当時は郵便が創業されたばかりで「三等寮も過分」とさえ評された。長官の頭は五等官であった。五年六月には二等寮に昇格し、頭は四等官となった。さらに、このたび一等寮となる。「蓋し寮の昇等するは事務拡大せる表章にして 即ち社会開進の写影なり 社会の進歩斯くの如く著し 射影隆々寮を昇せて一省をなすの徴候 此時に於て地平線上に発映したるものなり 歓喜せざらんと欲するも 豈夫れ得んや」(「事務余談」)。

一等寮の長官は三等官であり、勅任となる。よって密は四等官のまま、いったん駅逓権頭を兼任し、十一月二十八日、改めて駅逓頭兼任と発令された。

上海局の開業

さて上海には、すでに米国の郵便局も設けられている。米国は「自国に向て発する信書を我に奪はれんことを恐れ競争の計を施し種々の手段を勉めた」(「事務余談」)。たとえば上海―米国の間の料金を、大幅に値下げした。よってわが国も米国と交渉し、日米の間に交換される書状の料金を、同額にまで値下げした。さらに折衝をかさね、上海において、日本あての郵便物は日本局が独占し、米国あて、あるいは米国を経由する郵便物は、日米の両局で取扱うことを協定した。

上海航路の独占

九年四月十五日、上海の日本郵便局は開業した。ところで、この間の二月からは、英国のＰＯ汽船会社が横浜—上海の間に就航している。三菱には新しい競争相手があらわれ、またしても運賃の値下げによって、大きな犠牲を払わねばならなかった。しかし八月にはＰＯ汽船も競争をあきらめ、航路を撤退したから、三菱会社は再び上海航路の独占に成功したのであった。

朝鮮国への郵便

いまや日本の郵便は、航路とともに、大陸へ進出した。しかも中国だけではない。朝鮮にも進出していた。朝鮮国は鎖国の政策をとっていたが、明治九年二月、日本は武力を背景に開国を強要し、修好条規を結んだ。そのなかでは、釜山（プサン）および通商に便利な港口二ヵ所を開くことが約束されている。よって駅逓寮は、三菱会社に命じて、まず釜山への航路を開かせることを立案した。

しかし釜山に定期航路を開いても、ほとんど積荷はない。もっぱら居留民との間の郵便物を運送するだけの航行であった。十月三十日、朝鮮国への郵便運送が、三菱会社に命令された。ついで十一月には、釜山に日本郵便局を開設する、と布告された。しかも釜山との間で交換する郵便料金は、日本国内と同額、と定められたのである。

釜山は国内と同額

外国である釜山との料金が、国内と同額というのは、郵便局の設置よりも、いっそう露骨な郵便主権の侵害であった。明治十三年に至り、やがて朝鮮国における郵便事業の創業に当たる洪英植が来朝し、密と面談している。そのとき洪英植は「朝鮮に送達する郵便の税を、内国税と同額にされたのは如何なる理由かと、眼の色を変えて」詰問した。それも当然であろう。これに対して密は「別に理由はない、日本一国の手で掌るからである」と答えているが、主権の侵害は密みずから認めるところであった（「郵便創業談」）。

さて、わが国が外国郵便を開業し、さらに郵便の大陸進出を図っていた間に、欧米の先進諸国は郵便の国際組織をつくり上げていた。すなわち万国郵便連合 Union Postale Universelle（略称UPU）である。

万国郵便連合

一八七四年（明治七年）十月、スイスのベルヌに二十二ヵ国の代表が参集して、郵便連合の創立に関する条約を結んだ。条約の加盟国は、単一の郵便境域を組成して、加盟の各国間に交換する郵便物の料金は、均一とする。郵便料金は発信国の切手で前納し、各国の間で決済は行なわない。連合の境域内で郵便物を転送するに当たっても、追加料金は徴収しない。――これが条約の主要な内容であった。

条約は一八七五年、すなわち明治八年七月一日から施行された。もちろん日本は加盟していないが、米国を経由して加盟国あてに差出す場合は、米国から先は連合の均一料金が適用される。諸外国と自由に、かつ安価に郵便物を交換しようとするには、この郵便連合に加盟する必要があった。

UPU加盟

そこで明治九年九月、わが国は連合への加盟を申し入れた。条約の規定によって、加盟各国に異議がなければ、わが国の加盟は承認される。十年三月三日、日本が連合条約に加入することは正式に承認され、加盟の日付は六月一日とすることが決定された。ただし条約書をはじめ、加盟に関する外交文書の到着が遅れたため、わが国における条約の実施は六月二十日となった。日本は第二十八番目の加盟国であった。

この加盟について、密は「別に心思を労することもなくして成功」した。しかし「連合盟約の加入成りたるときは則ち我郵便の真正に遍(あまね)く世界に道路を開きたる日」に違いなかった。いささかの感慨をもって、一片の詩をつくっている。

四海兄弟義　原来造化意　万邦通信盟　茲発其神秘

四海みな兄弟の義、原来は造化の意なり、万邦に信を通ずる盟は、ここに其の神秘を発す

（『事務余談』）

郵便主権の問題

当時の密にとって最大の望みは、郵便主権の回復にあった。すでに米国の郵便局は撤去したが、英仏の郵便局はなお国内に設置されたままである。そこで米国との交換条約が調印され、関係の事務も一段落すると、ブライアンを英仏に派遣し、交換条約の商議

を申し入れさせた。もちろん密は「両国の容易く之に応ぜざるを予知」していたが、ともかく当方の意向を伝えたのである。しかし「果せる哉 英政府は 篤と考按の上にあらざれば 其商議に応じ難し と冷淡たる答へを為し 仏蘭西は日英の商議熟すべくんば 其例に依らんと 甚だ不見識なる回答」を寄せたのみであった（「事務余談」）。

英国公使パークス

いっぽう密は、外務少輔上野景範と同行して、英国公使パークスを訪れた。上野は、かつて共に渡英した仲である。英国政府が条約の商議に応じてくれるかどうかは、パークスの進言によるところが大きい、と考えたからであった。

しかしパークスは、すこぶる不満の色を示した。いわく「予は未だ日本の郵便は如何なる組織なるや 又如何なる法律規則を似てするや 将た其吏員は如何なる学識経験あるやを知らず 然るも日本吏員の 外国通信物を掌るべき技倆なきを知るに難からず」などと「稍々無礼の言語さへ交へて」当方の申し入れを拒否した。パークスは親切な性格ではあるが、日本人に対しては傲慢な態度をとる癖のあることも、よく知られている。そこで密たちも、軽く聞き流し、微笑しながら、日本郵便の実状を説明した。とくに郵便主権の回復については「是非とも斯く為さざるべからず 又斯くあらざるべからず」と強調したのであった。

パークスの所感

とにかく条約の商議に入るためには、パークスから本国に、好い報告をさせねばならない。密は、いらだちながら機会を待った。たまたま九年の秋、密が横浜に行こうと新橋停車場に至ると、パークスもそこにいる。時あたかも米国行の郵便行嚢を馬車からおろし、列車に搭載する作業が行なわれていた。行嚢の数は平常の倍もあったが、みな新しく、堅固に荷造りされている。取扱いも規律正しく、丁寧敏速であった。馬車や列車の乗組員も、新調の冬服を着して、清潔に活潑に働いていた。

この光景を密は、パークスによく見ていただきたいと促し、車中でも同室となって、郵便のことに語り及んだ。パークスも、すこぶる満足の語調であった。そこで密は、ぜひ駅逓寮に来て執務の実況を視察していただきたいと、パークスを誘った。当時は駅逓寮も増築が竣工し、室内の器具も新調されて、面目を一新していた。

一日、密は深川の私邸にパークスを招待した。その途中、駅逓寮に立寄る。パークスは各部を巡覧し、密の手をとっていわく、「日本郵便の創始より日猶ほ浅きも完備此の如く　已に貯金の事務をも開設せられたり　聞説らく　此等の模範は　皆我英国に採りたりと　何ぞ図らん僅々数年の間にして　一に此に至らんとは　実に満足する所なり」と。

その夜の晩餐には、通訳官サトウや鮫島尚信外務大輔らも同席した。講談や音曲などの余興も供し、大いに歓楽を尽くした。こうして密は、きわめてパークスと親しくなり、しばしば宴席も共にした。パークスは密に好感をいだき、うちとけた態度を見せていたが、いざ交換条約の件になると、とかく言を左右にして、求めに応じなかった。

英国郵便局の撤去

やがて万国郵便連合への加盟が実現すると、英仏両国との交渉再開にふみ切った。ロンドンで交渉にあたったのは、上野景範公使である。パークスの報告が実効をもたらしたのであろうか、明治十一年に及んで英国との交渉は順調に進んだ。密は「十一年の冬と記憶」しているが、英国公使館を訪れると、パークスは威儀を正して告げた。交換条約の件は、これまでさまざまの障害があったが、密の「熱血を灌(そそ)ぎたるの効力ありて遠からず」締結に至るであろう、と。

条約の調印は十二年十月、東京において井上馨外務卿とパークス公使との間で行なわれた。こうして十二年(一八七九)十二月三十一日をもって、横浜・神戸・長崎に設けられていた英国郵便局は、すべて撤去されることになったのである。なお在日の英国郵便局と香港との間には、郵便為替および郵便小包が交換されていた。その業務を、日本政府が引継ぐことも約束された。よって十二年十二月、香港との間に為替条約および小包交換条約が結ばれ、十三年二月から実施された。これは最初の国際為替および国際小包の交換であり、とくに郵便小包は、国内における実施（明治二十五年）にさきだって、まず香港との間に実施されたのである。

フランス郵便局の撤去

いっぽうフランスとの交渉は、いささか難航した。フランスとしては、もし日本に設けた郵便局を撤去すると、トルコやエジプトや清国などに設けている郵便局についても、廃止の要求が出されるであろう、その点を懸念している、というのであった。そこでわが国は、速やかな回答がなければ、郵便連合の大会議に提案して、可決を決する考えである、と強硬に申し入れた。ついにフランスも、わが要求を受け入れ、英国より一年遅れて十三年三月三十一日、在日郵便局を閉鎖するに至ったのである。

郵便主権の回復

こうしてわが国内にあった外国郵便局は、すべて撤去された。多年の宿願を果たして前島は、次のように感慨を述べている。

> 是に於て我帝国の通信上に於ける主権の虧損は　全然恢復するを得たるなり　余の不肖なる　本職を奉じ　時運に従て此事を遂げしは　歓喜自ら勝へざる所なり　此日余は退朝の後　沐浴して　香を焼き天を拝し　国を祝し　而して数輩の僚属と杯を挙ぐ　時に園中　桜花月に映じ秀光殊に燦爛たるを覚えたりし（「事務余談」）

喜悦のさまが、目に見えるようである。このように密は、みずから努力した郵便主権の回復には、杯(さかずき)をあげて喜びながら、清国や朝鮮国に対しては、あえて主権を侵害していることに、反省を示さなかった。比類ない国際感覚を身につけながらも、やはり密は明治人としての限界を、越えることがなかった。欧米に対しては対等を希求し、逆に近隣の諸国には威圧を加える風潮のなかに、密は生きていたわけである。

十　西南の動乱をへて

内務大丞

明治九年（一八七六）、密は四十二歳になった。その官は内務大丞（たいじょう）兼駅逓頭（かみ）、今の官制では本省の局長級（勅任）にあたる。その上司は、いうまでもなく大久保利通であり、参議にして内務卿を兼ねた。太政官における最大の実力者であり、独裁にひとしい権力をふるっていた。密は、ふかく大久保の識見と手腕に心酔していたのである。

江戸遷都の議

春の一日、密が大久保と談じていたとき、ふと大久保が語り出した。「維新の初め、大久保が大坂遷都を奏議したところ、その策に強く反対して、遷都の地は江戸に及ぶ所はないと論じ、書信を投じてきた江戸人があった。その人は君、前島と同姓にて、名は来輔（らいすけ）と覚えている。そのことについては記録にも残し、その人に対しては大いに感謝しているが、どういう人物であったか、まだ判明しない」。

実は江戸遷都の説を、それまで密はほとんど他人に語ったことはなかった。このたびも黙（だま）ってすごそうかと考えたが、嬉しさの余り「それは只今、御前にある前島密なり」

と打ち明けた。大久保は、しばらく密の顔を見つめていたが、やがて静かに身を起こし、テーブルをたたいて「ああ」と嘆声を発した。

「それは君にてありたるか、予は迂闊（うかつ）なりしを歎ず、請ふ君、これを恕（ゆる）せ」。

（「夢平閑話」）

大久保は、いまさら密の卓見を讃嘆したのであった。いよいよ密を信任するようになったことは、いうまでもない。

内務少輔

九月二十六日、密は内務少輔（しょうゆう）に任ぜられた。駅逓頭の兼任は従前のとおりである。少輔の職は、いわば次官補にあたる。そして内務省は内政全般を管轄したから、いまや密も大久保卿を輔けて、駅逓の業務のみならず、内政のすべてに責任を負ったのである。

士族の反乱

折から西南の地域では、維新の変革によって地位と俸禄を奪われた士族たちが、不穏の動きを見せている。その先頭を切って明治七年二月、佐賀の乱が起こされた。不平士族は佐賀県庁を襲って、電信線を切断した。電信は工部省の管轄であり、すでに六年二月には福岡から佐賀をへて、長崎まで達していた。

しかし反乱によって佐賀への電信線は切断され、福岡から先は不通となった。電信が通じなければ、迅速な通信は不可能となる。そこで駅逓寮は電信にかわる手段として、

飛信逓送

飛信逓送の制度を設けた。これは、いわば公用の速達便であり、緊急の公用通信は郵便局を中継しながら、特別の脚夫を仕立てて、ひた走りに走る。そのために各局には飛信逓送切手が配布され、この切手によって各局は駅逓寮から配達賃の交付を受けた。電信の通じない地域の情報は、飛信逓送によって、いち早く中央まで達せられた。

八年三月、電信は熊本まで通じた。翌九年の十月、熊本には神風連の乱が起こる。続いて福岡県の秋月、山口県の萩において、士族の反乱が起こされた。こうした反乱に際して、情報の収集に作戦命令の伝達に、もっとも活躍したのが電信であり、補助の役割をつとめたのが飛信逓送であった。

巡査発遣

しかも地方で反乱が起これば、その鎮圧については、まず内務省の責任で処理しなければならなかった。すなわち「当時凡そ地方 事を生ずれば、必ず先 東京警視庁に令して巡査を発遣せしむるを常とし、其の戡定撲滅に方りなほ足らざれば、初めて所管鎮台に照会して出兵制圧せしめし也。故に出兵すでに鎮圧に帰すれば、其善後の処分は又之を発遣巡査の手に為さしめた」のである（『夢平閑話』）。

うち続く地方の反乱に処して、内務省がいかに忙殺されたか、想像することができよう。その間のあわただしい動きは、大久保から密にあてた書信のかずかずが、よく物語っている。士族の反乱だけではない。九年十二月には、大規模な農民一揆が起こった。

農民一揆

このころ、地租改正の事業が進められている。従来の年貢が収穫高の何割かを徴収したのに対して、新しい地租は収穫の具合にかかわらず、地価の三分（三パーセント）を現金で納める、と定められた。しかも地租の額が確定されてみると、むかしの年貢より決して軽くはならない、むしろ農民の負担を重くする場合が少なくなかった。農民の不満は高まり、ついに一揆として爆発したのである。

茨城県に、三重県に、農民は竹槍をかかげて起ちあがった。とくに三重県下の一揆は愛知県や岐阜県などにも波及していった。これに対して内務省は、鎮圧にあたる一方において、大久保内務卿は地租の減額を断行しようと考えた。すなわち「今の時に方り政費を節約して土地の負担を軽くし、民力休養」をはかるため「地租の百分の五」を減額しよう、というものであった。しかし「未だ算計して其の当否を審にせず、憾なきに非ず」、そこで密に対し、早急に計算して収支の概計を示すよう、命じた。

地租軽減

密は応じたが「政費の節減は地租の改正と同じく、倶に政府の難事に非ざる歟」と、懸念を述べた。しかし大久保は「唯一断あるのみ」と強硬である。さらに密が「事情に制せられて中途に及び行はれ難きを憤るの場合」を訴えたところ、大久保は「無用の俗論をなす勿れ、凡そ忠正の心を以て忠正の道に因り、断じて之を行はんと欲するに臨み行はれざるなしと覚悟するこそ肝要」であると説く。すでに十二月も末であった。大久保は「来る新年の一月を期して断行」しようと決意していた（『夢平閑話』）。

駅逓局と改称

こうして密がつくった概計書を基礎に、大久保は十二月二十七日、地租減額の案を太政官の廟議にかけた。廟議は三十一日に決定し、密は布告案を起草した。地租を「地価百分の二分五厘」に減ずる、との詔書が発せられたのは、十年一月四日であった。

明治十年（一八七七）、密は四十三歳である。一月十一日、官制の改革があり、各省の寮は廃止されて「局」が設けられた。したがって駅逓寮も駅逓局となり、密は駅逓局長の兼務を命ぜられた。内務省に設置されたのは、駅逓局のほか、警視・勧農・勧商・地理・土木・社寺・会計の諸局で、合わせて八局である。このとき東京警視庁は廃され、内局の警視局となった。警視庁として独立するのは、十四年一月である。

農工商の順位

また、それまで内務省には勧業寮が置かれていた。大久保の考えでは、これを分けて勧農・勧商の二寮を設けようという。しかも勧農は一等寮、勧商は二等寮にするという案であった。密は反対した。そもそも役所が〝教誘〟つまり民を教導誘掖するなどとは、不可である。役所の教誘は、ややもすれば度を過ぎ分を越えて「干渉となり、流れては強制となり」人民が営々と努力する気風をふさいでしまう。

さらに「農工商の三業は品等」を違えるべきではない。かつては農工商と順位を設けていたが、今の時代には商業が大いに興って、むしろ商農工と順位づけるほうが妥当ではなかろうか。しかるに工は工部省が設けられ、農商は内務省に属して、しかも商は農の下位に置かれるという。「是れ何に因るの等差ぞ」。

密は、工部省を設置したこと自体に、反対であった。電信も、鉄道も、工部省に属する必要はない。電信は駅逓寮の管轄に移し、工部省は内務省のもとで工務寮とすべきである。ただし商務は、国運の進歩に従って、会社も銀行も大いに興隆するであろうから、省に属する一局では管掌できなくなる。将来は商務省を設置すべきではないか。

しかし、このたびの改革では、勧農・勧商の二局が立てられ、密の主張は受入れられなかった。大久保も「君の所論は今尚早し、請ふ数年の後を待て」と言うばかりであった(「夢平閑話」)。その大久保の言のとおり、十四年四月には農商務省の発足をみて、農務・商務・工務の三局が設けられた。さらに十八年十二月には内閣制度の発足にともなって、逓信省が創設され、駅逓と電信とを合わせて管轄する体制が確立した。密の見解は数年後に実現されたわけであり、この点でも密は先見の明を持っていたといえよう。

さて十年一月二十四日、天皇をはじめ太政官の首脳は、孝明天皇十周年祭のため、京都に向かった。天皇の京都滞在は、一月末から七月末に及ぶ。太政官の首脳は京都に着いた直後の二月初め、鹿児島で士族が起ちあがったという報に接した。

大久保は東京にとどまっていたが、鹿児島の変報に接すると、二月十三日、急いで京都に向かった。その不在の間、内務省の省務は密に代理を命じた。東北地方では、とくに庄内の動きを配慮すること、海上は船の手配を怠らぬこと、また大警視の川路利良も西南に出張するから、東京の警察にはとくに注意を払うことなど、こまかく密に指示したのであった。これより密は、内務省の事務を一手に切りまわす。

巡査徴募

内務省の留守をあずかった密が、いちばん心を砕いた仕事は、巡査の徴募であった。西南の戦線においては、精強な薩摩士族に対して、農民からの徴兵を主体とする鎮台兵だけでは足りず、東京の警視庁をはじめ各地の巡査を動員した。巡査は多く士族の出身であり、大きな戦力となったのである。

しかし「大警視以下多く（東京）府下勤務の巡査を引率し 戦地に赴き、常備の員数半に減ず。此事変の時に際しては 府下の警戒 最も厳ならざるべからず、而して平時に半減す、是既に臨時巡査招募の必要を見る也。之に加ふるに戦地 急を告げ 益々増発を要す」という状況であった。大久保も、その他の大官も、ほとんどみな京都にいる。東京の政府に残っているのは、岩倉（具視）右大臣と大隈（重信）大蔵卿ばかりであった。

そこで密は、大隈の指示を受け「政府の議を経て、専ら巡査招撫の任に当り、殆ど其全権を委ねられた」のであった。巡査といっても、実際は兵隊を募集するに等しい。多くは東北の諸県において、激励しつつ勧誘して、百方に手を尽くして、ようやく必要な人数を集めた。しかも公式に集めるだけでは、足りない。身寄りの者を私費をはたいて、ひそかに派遣し、工作をかさねたこともあった。集めた巡査も、東京の警備にあたらせることはできない。すべて戦地へ向けて出発させた。

こうした巡査の部隊が京都に着くと、衣服や糧食や給与などの費用は、警視庁がまかなった。しかし戦陣へおもむくのに、警察官ではまずい。そこで新選旅団と称して編成し、陸軍に配属した。新選旅団の活躍は、戦史の多く伝えるところである。

続いて第二新選旅団が編成された。戦地に向かって発進の準備も整ったが、すでに七月となっている。もはや政府軍は至るところで薩軍を圧倒し、戦局もほぼ定まった。七月三十日には天皇も東京に還幸となった。太政官の首脳も、つぎつぎに帰京する。

八月二十二日、吹上御苑において天皇の臨幸を仰ぎ、第二新選旅団の解団式が行なわれた。そのとき密は、陸軍や警察の責任者とともに、とくに召見されて慰労の勅語を賜わった。大久保が帰京ののち、このことを報告すると「文官にして是の如き聖恩を被れるは誠に異数」のこと、と喜んだ（『夢平閑話』）。

西南鎮定

薩軍は鹿児島に退き、城山に立てこもったが、九月二十四日には、ついに討滅された。乱後の行賞にあたり、密は「内務卿代理中 非常尽力」したことにつき、恩賜として御手元金壱千円を下賜された（『後半生録』）。

巡査の募集にせよ、戦地への発遣にせよ、軍の機密にかかわる事項が少なくない。密は、そうした事務を取りさばくと同時に、事柄によっては、いちいち京都の大久保と、また戦地の司令部と、電信を往復して処理しなければならなかった。また駅逓頭としては、万国郵便連合への加盟という大事があった。密みずから「其繁忙 言語に絶し 一ケ月中枕を横たへたる夜は真に数日に過ぎ」なかった、と回想している（『逸事録』）。

内国勧業博覧会

続いて八月、内国勧業博覧会が開かれるにあたり、密は審査官長を命じられた。国産奨励のために何らかの施設をつくることは、かねてから密が主張していたところである。その意見を取上げて、大久保は勧業博覧会の開催を発議し、内務省の所管と定めた。そして密を審査官長に推挙したのである。密は「一部一類の物すら鑒識するの能なき」をもって辞退したが、大久保は告げた。それゆえにこそ推挙したのだ、「君にして若し一部の審査に通ぜば、恐らくは全部の官長に挙げられず」と（「夢平閑話」）。

これは最初の大規模な博覧会であり、八月下旬から十一月末まで開かれた。出品点数も八万点をこえた。密は「何等の障碍を生ぜずして其事務を完了」し、翌年四月には事務勉励の賞として緞子二巻、紅白の縮緬各二匹を下賜された（「後半生録」）。

勧農局長兼務

明治十一年（一八七八）、密は四十四歳となる。一月二十三日、地租改正局三等出仕の兼務を命じられた。二月十六日には勧農局長の兼務、三月六日には元老院議官の兼任をそれぞれ命じられた。駅逓局長の兼務も続いているから、いよいよ繁忙をきわめる。

この間の一月二十四日には、勧農局の管轄する駒場農学校の開校式が行なわれ、大久保も密も、ともに臨席した。大久保は、農こそ国の本であるのに、これまで農の教育なく、ここに農の教育が初めて端緒についたことを喜んだ。密は、さらに一言を進めた。

> 真に農政を挙げんと欲せば 勉めて農租を減ぜざるべからず。今の如く重く 重荷の負担を之に課責し、猶且つ其発育を望むは、滋養を奪うて健児の生長を思ふに似たり。而して減租は 必ず他の商工に税して 之を塡補せざるべからず。此に於て商工の発育を考按するを要す。其事猶ほ農学農政あるに同じからん。（「夢平閑話」）

農事の租税を減じ、かつ商工を振起することは、かねてから密の持論とするところである。いま農学校は開かれ、工部大学校も十年一月に設けられている。商業教育に関しては、私立の小規模な商業講習所があるばかりで、組織だった学校はない。密は、商業学校を設立することの必要を説いた。大久保は、考慮している、と応じたものの、財政の面から大蔵卿と相談しようと答えたまま、間もなく兇刃に倒れたのであった。

五月十四日、大久保は登庁の途中、紀尾井町において不平士族の一団に襲われ、ついに落命した。その日、変事を知ると密の妻なかは涙をぬぐいながら、一束の古い書簡を差し出した。大久保から密にあてた書簡の束であった。

「私ひそかに公の徳望をお慕い申し、公のお手紙は小さなものでも、捨てるには忍びませんでした。あなたの机のまわりに、事の始末がついたものを投じておかれると、私はみな拾って秘蔵しておきました。今朝の凶報は、痛惜してももはや及びませぬ。この手紙を拝見すれば、公の在世のときの威容に接する想いがいたします」。

見れば七十余通、完全にそろっていた。密はそれから内務省や駅逓寮の机をさぐり、抽斗の中からさらに八十余通の書簡を得た。多くは国事や政務に関する内容であった。のち、人に請われ、奪い去られたものもあるが「貫連して史料となるべきもの、及び人身上の秘密に関する者は保存」して後世に残した（「夢平閑話」）。いま、これらの書簡は、近代史の重要史料として『大久保利通文書』に収められている。

大隈に接近

内務卿の後任には、工部卿の伊藤博文が任命された。伊藤は長州の出身ながら、大久保に密着してきた。大久保が敷いた路線を、伊藤は継承したわけである。しかし密にとって、最大の理解者である大久保が世を去ったことは、大きな打撃であった。これまでの密は大久保の配下にいて働いたため、薩摩閥に属すると見なされたであろう。しかし西郷も大久保もすでに亡く、薩摩を代表するに至ったのは黒田清隆である。黒田は、密に対して必ずしも好感を持っていなかった。こののちの密は薩長のいずれにも属せず、閥外の大隈大蔵卿（土佐）に接近してゆく。

竹橋騒動

この年八月二十三日夜、東京の中心部で近衛兵による暴動が起こされた。いわゆる竹橋騒動である。近衛師団は西南戦争に際して出動したが、その論功行賞に不満をいだく者が多かった。責任者は陸軍卿山県有朋である。また政府は財政の節減をはかり、陸軍の経費を節減した。その主唱者は大隈大蔵卿である。近衛兵たちは、号砲一発を合図に起ちあがって宮城を占領し、右の両名を血祭りにあげた上、天皇をいただいて太政官政府そのものを転覆しよう、と計画を立てた。

準備は内密に進められたから、政府の関係者は誰も知らない。二十三日の夕刻、密のもとに内務省の一書記官が訪れた。その者が、ふとしたことから近衛兵の計画を知り、浮説かと疑いながらも、念のため報告に及んだものである。しかし密は、軍隊のなかに不穏の空気があることに感づいていた。蜂起の計画も事実であろう。驚いて、伊藤内務卿に報告させるとともに、人力車を駆って西郷従道（つぐみち）（陸軍中将）邸を訪ねたが不在、続いて山県有朋陸軍卿のもとに走り、急を告げた。山県も驚いて、ただちに手配を命じる。密は岩倉具視邸にまわった。岩倉は信じなかったが、やがて伊藤も駆けつける。ついで陸軍省から急使が来る。岩倉も大事をさとって、川路利良大警視を呼びつけた。もし近衛兵が暴動を起こすとすれば、宮城は警察の力で守らねばならぬ。内務省の責任である。とどこおりないよう手配をほどこして、密が帰宅した時は十二時を過ぎていた。

やがて宮城の方面に号砲がとどろいた。竹橋の近衛兵二百六十名は、大隊長と週番士官を殺して起（た）ちあがり、向かいにある大隈邸に砲撃を加えた。しかし密たちの奔走によって直前に知った政府側は、ただちに鎮圧に乗り出し、大事に至ることなく処置することができたのであった（以上、「逸事録」）。

東京海上保険

この年の九月、益田克徳（かつのり）（益田孝の弟）、渋沢栄一らは、東京海上保険会社の設立を出願した。設立は十二月六日に認可された。これはわが国最初の損害保険会社であり、やがて発展して今日の東京海上火災保険（株）となる。しかし当時は、もちろん海上保険に関する法律もない。そこで英国の海上保険法によって、会社の規則もつくったのであった。

かねてから駅逓局においては、海上保険について研究をかさねていた。その中心となった者が、少書記官の塚原周造であった。密もまた海運事業に関しては、大きな関心をもっている。会社の開業を前にして、密みずから規則の制定にあずかろうと考えた。

熱海での精励

十二月二十九日、休暇に入ったので密は、塚原および属官たち、また益田らの関係者をともない、熱海へおもむいた。当時は鉄道が通じていないから、三菱会社の汽船を利用した。たまたま伊藤内務卿も、熱海へ避寒にゆくとて同船した。もちろん密たちは、休養におもむくのではない。休みのうちに規則をととのえよう、というのであった。

仕事は旅館の一室において、翌日の早朝から始められた。そもそも典拠とした英文の規則は「繁雑を極め、日本の状況に適せざるものあり、又沢山に専門語があって頗る諒解に苦しんだので、之を直したり改めたりする為に熱海へ出かけたので、其際は重量ある辞書まで携帯し、反訳をするやら、写字をやらせるやら、実に昼夜繁劇」をきわめたのであった。元日の朝、伊藤は碁でも打とうか、詩の唱和でもしようかと、密たちの旅宿を訪ねたが、みなが机をつらね、脇目もふらずに執務しているので、驚いて立ち去ったという。この光景は、密の勤勉をよく示すものといえるであろう（「逸事録」）。

衛生会会長

すでに明治十二年（一八七九）を迎えている。密は四十五歳となった。その年の三月十二日、勧農局長の兼務を解かれた。本官の内務少輔、そして駅逓局長の兼務、地租改正局三等出仕の兼任には変わりがない。

七月には東京地方衛生会が発足し、密は初代会長に挙げられた。衛生の面についても密はその識見が買われたわけであり、このように「湧くが如くに発生する新行政事務」に、つぎつぎと密は責任の地位についたのであった（「後半生録」）。

北越周遊

もっとも、この年は従来にくらべて、いくぶんは余裕ができたのであろうか。密は久しぶりに郷里を訪れ、幼少のときを過ごした糸魚川にも足を伸ばしている。いまは勅任の高官となり、往時を偲べば万感が胸に満ちたことであろう。その折の詩作も残されている。

泊越後糸魚川有感

此地童年吾久留　　此の地には童年に久しく留まる

回頭三十八春秋
山光水色青如舊
人是凋零已白頭

頭をめぐらせば　三十八春秋
山光も水色も青きこと旧のごとく
人はこれ凋零してすでに白頭なり

この前後、密は脳病、いまでいうノイローゼにかかっていたようである。長い年月にわたる過労がたたったに違いなかった。帰郷の旅も、密の体調と関係があったものかも知れない。ともかく、こうして明治十二年は過ぎた。

駅逓総官

十三年二月二十八日、密は内務大輔に任ぜられた。この昇任は、大久保が存命中あらかじめ定めておいたところ、と考えられている（『後半生録』）。駅逓局長の兼務は従来どおりであった。ところが三月二十五日、あらたに駅逓官の職制が定められ、密は駅逓総官に任ぜられた。その地位は大輔（次官）と同格であったが、密は大輔たること一ヵ月に足らずして、内務行政の中枢から去ることになったのである。ここにも大久保なきあと、薩長藩閥の首脳たちの、密に対する思わくが感じられるであろう。

しかし密は、これからは駅逓事業、すなわち郵便、為替貯金および陸海運輸の発展に専心できるようになったことを、むしろ喜んでいた。その述懐をみても「駅逓総官タル官職ハ駅逓官ノ総長タルベキモノニ非スシテ　郵便取扱役ノ総長タルヘキ筈（はず）ナレハ　西洋諸国ノ制ニ照セハ未タ妥当ヲ得サレトモ　這ハ是レ国々ノ現状ニ問テ宜シキニ処スヘク又他日ノ修正ニ帰シテ可ナリ其職制ハ兎アレ角アレ其実際ヲ論スレハ判官以下ノ任免黜陟ハ是ヨリ初メテ総官ノ専行ニ任セラレ又会計モ別途ニシテ駅逓局ハ恰モ独立院省ノ体ヲ成シタル時ニ達セシナリ」と述べている（「行き路」）。

農商務省に移管

このように密は「初テ郵便事業ノ　政府ニ於テ　其効力ヲ明認セラレタ」と喜んでいるが、駅逓局は内務省において、その外局のような存在とされたのである。しかも翌十四年四月七日、駅逓局は内務省から新設の農商務省に移管されてしまった。

農商務省においては、駅逓局のほか、農務局・商務局・工務局などが置かれた。農商工の三局を並置し、従来の勧農・勧商の名称を改めた点は、密の年来の主張が実現したものであった。また同省に農工商上等会議が付設され、六月二十八日には密も上等会員に挙げられている。

この年、地租改正の事業が完了したので、六月末、地租改正事務局は廃止となった。密は三年半にわたって、この事業に参画してきたのであり、七月二十五日には、その勉励を賞せられて、金七百円を下賜された。

いまや郵便事業は、日ごと年ごとに発達を続けている。年間の郵便物数も一億通に近づき、郵便局の数も五千局を超えた。郵便物の運送にも、鉄道を利用するほか、内国航路を運航する汽船を利用しようと計画するに及んでいた。密としては、定期航路を開いて、郵便物の運送だけではなく、公衆の便利を増進することが目的であった。

そこで密は各地の状況、とくに関西地方の現況を視察するため、十月一日、大阪に向かって出発した。近畿の各地を巡歴して、十月二十四日には岡山に達する。その日、太政官からの電報があり、東京に帰ることを命じられたのであった。

十四年の政変

東京では十月十二日、筆頭参議大隈重信の罷免が発表されていた。いわゆる明治十四年の政変である。大隈の免官に反対して、その同志たちはつぎつぎに辞職、農商務卿の河野敏鎌も二十日には辞任した。二十一日、大隈の後任には松方正義、河野の後任には西郷従道が発令された。

依願免本官

召命によって密は、二十八日に帰京した。ここで政変の内情と、要路の人びとが大隈に従って辞職したことを知った。ついに密も意を決した。二十九日、駅逓局に出頭して幹部の職員を前に「辞表ヲ上ルノ止ミ難キ事情ヲ説キ　且将来ノ勉励ヲ冀ヒ　直チニ退出」した。十一月二日「病有リ職ヲ免サレンヲ請フト辞表」を提出したのに対し、同月八日には願いによって本官を免ず、と達せられた。退官にあたっての感慨を、密は次のように述べ、自伝「行き路のしるし」を結んでいる。

嗚呼(ああ)　余ハ官ニ在リシ十五年　戦々兢々(せんせんきょうきょう)曾(かつ)テ一日ノ未タ寧処(ねいしょ)無カリシ　然レ共(ども)一点反顧(はんこ)ノ疚(やま)シキモ亦アラサリシ　是ヨリ快楽ノ境ニ遊ヒ　以テ余生を慎ムヘシ　任(まか)ス他ノ呼(よん)テ驢(ろ)トナシ　又騏(き)トナスニ　人世何(いず)レノ処ニカ不平ノモノカアル　時ニ天遠ク秋清(きよく)シテ　数樹ノ紅楓(こうふう)　庭園ニ璨然(さんぜん)タリ

十一　辞官し都の西北に

官を辞した密は、一介の野人となって明治十五年（一八八二）の春を迎えた。四十八歳になっている。その居宅は明治十一年の後半、深川清住町七番地から、永田町二丁目二十五番地に移っている。いまの千代田区永田町である。生母ていは十一年に死去したので、それを機縁に東京の中心部に転居したのであろうか。なお密が生母とともに「三婆さん」と呼んでいたうちの二人、前島家の養母と、妻なかの母については、その消息が明らかでない。

永田町に転居

永田町の家には、密夫妻の間に四人の子女が育っていた。長女の不二（明治二年十月生）は十二歳、次女きく（五年九月生）は九歳、長男の彌（六年三月生）は八歳、三女むつ（八年十一月生）は六歳になっている。不二は、のちに高田早苗と結婚した。彌の名が、密と同じく『中庸章句』の文中から採っていることは、すでに述べた。後年の子としては、四女由理（二十二年五月生）と、五女けい（二十七年五月生）とをあげている。

中外郵便週報

中外郵便週報

第五十七號

鴻盟社

『中外郵便週報』

さて密は在官中に着手して、そのまま残してきた幾つかの仕事があった。

その一つは、新しい新聞の発行である。さきに密は『郵便報知新聞』の発刊に尽力したが、その編集や経営に直接には関与していない。明治七年一月、民選議院設立建白書が『日新真事誌』に掲載されてから、各新聞は政治色を強めてゆき、やがて『郵便報知新聞』も民権派の新聞としての色彩を濃くしていった。内務省の高官であった密は、当然のことながら『郵便報知新聞』とは離れざるをえない。

そこで密は「世上の新聞紙の外に更に郵便一切の事を記載する新聞紙を得んことを冀ひたり　彼の郵便報知新聞は　本来其用に充んと　余が冀望を属したるものなりし　然れとも彼は　余が予期の規範より逸して　普通一般の新聞に変性せり　仍て余は　大内青巒氏に託して　鴻盟社より　郵便週報を発刊せしめ　以て之を各郵便局に頒つこと」にしたのであった（「事務余談」）。

こうして明治十四年一月三日に『中外郵便週報』が発刊された。それまで中央から各地の郵便機関（為替貯金の取扱所をふくむ）に通達する文書は、駅逓局で印刷し、配布していた。新しく発刊された新聞紙上には、駅逓局録事をはじめ、指令や雑報、また駅逓に関する布告や人事など、万般にわたって掲載している。駅逓局では発刊に際し、郵便局に対して購入を指示した。もちろん密の発意によるものであった。

密の新聞に対する念願は、いちおう果たされたといえよう。のち十六年二月からは、駅逓局が一括購入して、各局に配布するようになった。ただし十六年六月『中外郵便週報』は廃刊になったので、七月からは『東京日日新聞』に週一回、駅逓局記事や指令の類を掲載している。

郵便条例

郵便（および為替貯金）に関する法令は、年ごとに『郵便規則』が公布されてきた。これは密の執筆による明治六年『郵便規則』をもとにして、部分的に改定を加えてきたものである。しかし密は、このような年刊ではなく、郵便および為替貯金の事業をまとめ、永続性のある法令をつくりたい、と念願していた。その執筆も進めていたのである。しかし退官となって、在任中には希望を実現することができなかった。

駅逓局では密の意思を継いで、法令の完成を急いだ。こうして十五年十二月に公布されたのが『郵便条例』であった。条例では、密の宿願の一つであった郵便料金の全国均一制が確立されている。それまでの郵便料金は、書状（二匁＝七・五グラムまで）を例にとると、基本料金は二銭であるが、市内（郵便局の所在地内相互）は半額の一銭、また不便地あては別に一銭の追加料金が必要であった。それを条例によって全国均一の二銭に統一したのである。

また郵便物を第一種（書状）から第四種までに分ける区分制も、条例によって確定された。条例の施行は、十六年一月一日である。

郵便事業のほか、密が海運の振興に関して、とくに心をくばっていたことは、すでに触れた。商船の活動を活発にするには、すぐれた海員を多く養成しなければならない。そのために密は、三菱会社に補助金を支給して、商船学校を創立させたのであった。こうして高級船員を養成する道は開かれたが、一般の海員についての配慮は、ほとんどなされていない、という状態であった。

いわゆる船乗り（ふなのり）の素質は、江戸時代このかた、決して上品ではなかった。上陸すれば酒色におぼれ、あるいは賭博（とばく）にふける。いっぽう政府も社会も、こうした船員たちの福祉や厚生に関して、考慮するところはなかった。

こうした状況を、密は憂えたのである。旧来の悪習を矯正し、海員の品位を高めるとともに、その福祉と厚生をはかろう、と考えた。そこで海運関係の識者に呼びかけ、明治十三年八月には日本海員掖済会の結成にこぎつけた。創立に参画した者は、密をはじめ赤松則良（海軍少将）、岩崎弥之助（三菱副社長）、塚原周造（駅逓官）ら、軍官民の各界を網羅していた。ただし密は在官であったから、当初は表面に立っていない。

退官後も密が海員掖済会の発展に努力したことは、いうまでもない。そして明治二十二年からは副委員長、副会長などの要職を歴任した。晩年に及んでいっさいの職を辞してからのちも、掖済会には逝去のときまで常議員として関係を保っていた。自筆の手稿である『日本海員掖済会沿革小史稿』も残されている（未刊）。

改進党結成

さて政界においては、大隈が罷免された直後（十四年十月）自由党が結成され、十一月初めには板垣退助が総理に就任した。有力な幹部として、後藤象二郎、馬場辰猪、中江篤介（兆民）、田口卯吉（鼎軒）らが参加したが、中心となったのは土佐の民権派であった。その主張はフランス流の急進論であり、ともすれば「言論も行動も急激粗暴」（前島）と見なされる傾向があった。

これに対し「着実穏和なる秩序的進歩主義の政党を起すことが必要」と考え（前島）、

十五年四月に結成されたのが、改進党である。総理には大隈が就任し、密のように大隈とともに退官した人たちや、小野梓、犬養毅、尾崎行雄らの知識人が加わった。密が述べたように、その主張はイギリス風の漸進論であった。

いまや密は、改進党の幹部に列した。しかし密は政党というものに、必ずしも満腔の期待をいだいていたわけではない。改進党の創立に参画したのち、次のような批判を加えていた（「逸事録」）。

……一人あり　自家の党派を称して真となす、之を詆る者あり、此党　真の政党ならんやと、又一人あり、二人の政党　皆真に非ずと、既にして之を察すれば　則ち其人の作す所も、亦真に非ず、展転相攻め　終に窮極する無し、……

たしかに密は結党の当時、改進党は自由党と違って穏健な主張のゆえに、実業界の信頼を得られるものと期待した。しかし現実には、改進党が自由党の過激なふるまいを批判すると、自由党もまた、改進党は三菱と深いつながりがあるとして、鋭い攻撃を加えた。三菱の育成に力をそそいだ密にとっては、遺憾きわまる攻撃であった。しかも攻撃の先頭に立ったのは、自由党に入党するや、たちまち実権をにぎった星亨であった。若いころの星を世話した密にとっては（七七ページ参照）、いよいよ残念に思われた。

目白台に転居

当時の前島邸は永田町にあった。その「邸宅は頗る高燥の地形を占め」、付近には高官の住む者も多い。しかし「官僚等の改進党を見る事蛇蝎の如く、殊更に謀反人呼ばはりをして種々陰険なる妨害を試みた。……（密の）子女は其の頃未だ幼少にして……学校へ行くと同輩の子供等が揶揄半分に謀反人の子だなぞと言って目を聳てて前島家の子女見るといふ調子であった」。

そのころ右大臣岩倉具視は重病の床にあった。天皇は特旨をもって、一万円の見舞金を下賜された。そこで「病床に在る公は感激して自分が死期の近づけるのも忘れて是非恩賜の金で新たに御所の近くに邸宅を買ひたいといふ念を起した。当時の御所は赤坂であつたから、永田町は其れに近かつたので、若し翁（密）の邸宅を売るならば買ひたいと云ふ話が起つた。翁も其処を売つて他に移りたいと云ふ考へがあつた際であるから、直様話しが調つたのであつた」（「後半生録」）。

密は今後の生計費を計算し、九千円という数字を得た。そこで邸宅の売却費も九千円として、ただちに相談はまとまったのである。こうして小石川区関口台町（東京都文京区）いわゆる目白台に新邸をもとめ、引き移った。実は永田町の邸は、当時でも数万円以上の価値あるものであった。しかも引越の費用をまったく計算に入れていないことが、あとでわかった。そこで一千円の追加を岩倉家に申入れ、ようやく五百円を得た、という始末となった。これは密の淡泊を示す逸話として伝えられている（「逸事録」）。

東京専門学校

政界に目を転じると、自由党は政府の弾圧に抵抗し、各地でさまざまの暴力事件を起こしていた。いよいよ弾圧はきびしくなり、ついに十七年十月には解党するに至った。改進党においても、その年の十二月には総理の大隈らが離党し、党そのものの形は残っていたが、実体は消滅に近いものとなってしまった。

このころ大隈が力をそそいでいた事業が、私立学校の経営であった。いまの早稲田大学の前身にあたる東京専門学校が、大隈の発意によって、十五年十月に開校していたのである。密をはじめ、改進党の幹部たちは、大隈の趣旨に賛同して、評議員に名をつらねた。実際の経営にあたったのは小野梓である。

そもそも大隈が東京専門学校を創立した趣旨は「日本の文明を進めるには日本の国語を以て西洋の専門の学問を容易に会得せしめ、速成に相当の学問を修めさせて文明に寄与したい」ということであり、さらに「学問の独立を主張して、官立学校に対抗」しようという気概をもったのであった（「後半生録」）。

学校が創立されると、世間では「謀反人を製造する」あるいは「国賊を養成する」学校であるとして、さまざまの中傷を行なった。そうした風評に屈せず、経営にあたった小野をたすけて、高田早苗（さなえ）や市島謙吉（いちじま）（春城）らの少壮派が、教鞭をとりながら学校の維持につとめた。校長には創立以来、重信の養子英麿（ひでまろ）が就任していたが、実際に創業時の困難な内外の校務を処理したのは、小野を中心とする少壮講師陣であった。

ところが十九年一月、小野が急逝した。学校は重要な支柱を失った。従来は、創立者である大隈との連絡も、小野が取りしきっていたのである。その太いパイプも、いまや失われた。

それまでは学校の会計に不足を生じると、大隈家から補助を受けていた。しかし学校が真の独立を全うするには、会計も独立させねばならない、と高田らの少壮派は考え、補助の辞退をふくむ独立自営の案を立てるに至った。密も賛成した。そして三月、密は高田らをともない、改良案を大隈に示して、その承認を得たのであった。

創立から四年、学校は大事な守成の時期に入った。密は少壮派から期待され、みずから決意するところもあって、九月には大隈を訪れ、次期の校長職を引受けようと申入れた。もちろん大隈は喜んで同意し、万事を密に委任した。実は、この前後に、政界や教育界にも、大きな転機が訪れていたのである。

内閣制度が発足したのは、十八年十二月のことであった。伊藤博文の第一次内閣が成立し、逓信省が新設された。逓信省は、農商務省から駅逓・管船の二局を移管し、工部省（廃止）から電信・燈台の二局を引継いで発足した。駅逓と電信の両事業を一省のもとに管掌することは、かねてから密が主張してきたところであったが、ここに実現した。初代の逓信大臣には、榎本武揚が任命された。また逓信次官には十九年三月、駅逓総官（密の後任）野村 靖が農商務省から転任した。

逓信省創設

十九年三月には帝国大学令が公布され、それまでの東京大学を帝国大学と改称し、法・文・理・医・工の五分科大学（のちの学部）を置いた。いっぽう東京には、東京専門学校をはじめとして、私立の法律学校が五校開かれていたが、この五校も八月には帝国大学の監督を受けることと定められた。なかでも注目されていたのが、大隈の学校である。その校長は、文部省にも、帝国大学にも対抗することができる人物でなければならなかった。

東京専門学校長

密が正式に校長の職についたのは、二十年八月であった。そして二十三年七月に辞任するまで、学校の充実に力を尽くした。財政の基盤を固めただけではない。政治科や法律科のほか、行政科を新設したことも、日本語による教育だけでなく、英語による専門教育を加えたことも、密が在職中の改革であった。学校は明治三十五年十月をもって、開校二十周年を迎える。同時に校名も早稲田大学と改められた。

関西鉄道社長

この間の二十年五月、密は請われて関西鉄道会社の社長にも就任した。密と鉄道との縁は、明治三年三月に『鉄道臆測』を起草して以来、まことに久しく、かつ深いものがある。三年から四年にかけて渡英したのも、一つには鉄道の起債問題を解決するためであった。五年九月に新橋-横浜間の鉄道が開業すると、さっそく郵便物の鉄道による輸送を開始した。

ところで政府の敷設した鉄道、いわゆる官鉄の線路は、二十年七月までの段階において、東は新橋-横浜-国府津、西は神戸-大阪-大津と、敦賀-長浜-名古屋-武豊の間が開通しているに過ぎない。東海道線の全通は、二十二年七月一日のことである。

これと並んで私設鉄道は、まず十四年八月に日本鉄道会社が設立され、二十年末までには上野-仙台-塩釜の線が開通する運びとなった。そのほか各地で私設鉄道の敷設計画が立てられている。そのうち京都-草津-四日市-名古屋と、東海道に沿って線路を開き、また西に進んで大阪へ、南に進んで津から山田に至る鉄道の建設計画が、民間で立てられた。こうした計画を政府の命令によって統合し、関西鉄道会社が発足することとなっ

逓信次官に就任

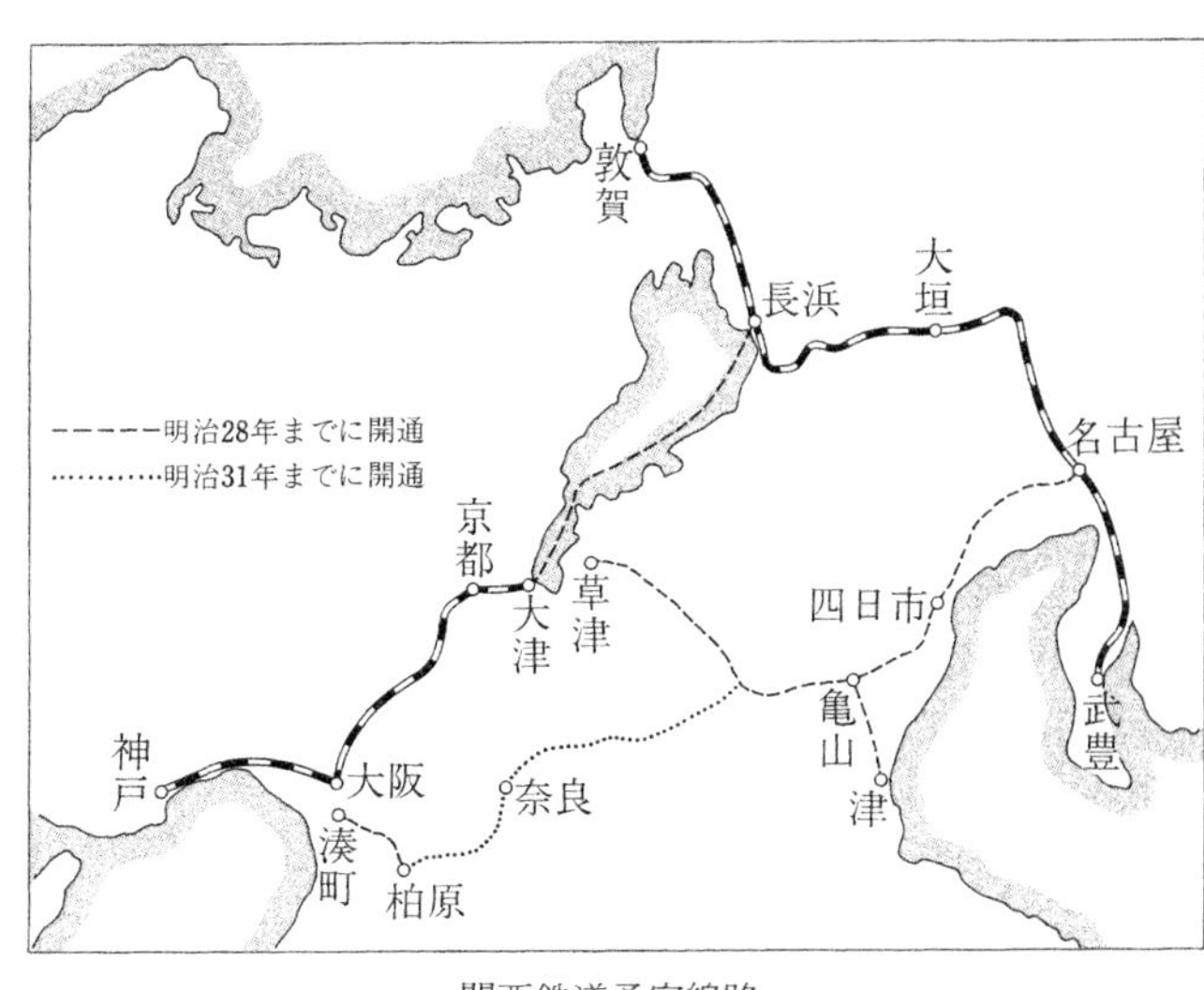

関西鉄道予定線路

て、密が社長に迎えられたのであった。

関西鉄道会社は二十一年三月、設立が免許となり、正式に発足した。八月には四日市-草津の間が着工される。そして明治三十一年までには、名古屋-大阪の幹線が全通して、東海と近畿を結ぶ大動脈を形成するに至る。

しかし密は二十一年十一月、逓信次官に任命されることとなり、鉄道は着工をみたまでで社長の職を去らねばならなかった。実は、それまでにも農商務次官、あるいは東京府知事に就任するよう、内意を受けたことがあった。けれども密は、いったん下野した以上、ふたたび官途につく気持はなかった。

農商務省や内務省に、高い地位を得ることも望まなかった。ただし逓信省は、密が長い年月にわたって育成してきた駅逓や管船の事業を管掌する。さすがに食指が動いた。

もっとも今さら次官では、という声も高い。友人たちは密の経歴と識見とからみて、逓信大臣こそふさわしいと考え、直言した者もあった。しかし密は、地位に拘泥することなく、古巣に帰って才腕をふるいたいと願ったのであった。

榎本と野村

当時の逓信省は、幾つもの問題をかかえていた。しかも大臣の榎本と、次官の野村との間が折合いが悪く、とかく意思の疏通を欠いている。というよりも対立していた。榎本は幕臣の出身であり、五稜郭に立てこもって、最後まで薩長政権に反抗した。野村は長州の出身であり、駅逓総官であった明治十七年には、万国郵便会議に出席のためヨーロッパに渡り、とくにドイツの逓信事業を視察して、その実状に深く傾倒するに至っていた。わが国の郵便および電信事業も、ドイツを見習って改革しようと考え、さまざまの施策を立案したのであった。

野村の改革案

郵便に関しては、まず第三種に属する新聞・雑誌の取扱いかたを改める。第三種に認可されると、料金一銭（十六匁まで）で配達されるが、必ずしも郵便によらなくともよい。ところが野村案では、発行地から三里以上の地にあてたものは、必ず郵便で送らねばならぬと改め、ただし基本料金は三厘に減ずる。これは新聞・雑誌の発送を政府の独占に帰する案であり、治安の取締りをもくろんだものであった。野村案に対しては、言論界での反対が強く、逓信省から上申されると、閣議も元老院も不適当として、却下した。しかも逓信省は、重ねて上申を主張し、大臣として処理しかねていたのである。

つぎに野村は、小包郵便の実施を提案していた。全国のうち四十ヵ所を選んで、小包の取扱いを行なおう、という案である。また価格表記郵便の実施も提案した。小包にしても、価格表記にしても、密は在任中に計画している。しかし、その実施には、さまざまの準備を必要とするため、早急の実施は困難と考えて見送ったのであった。

さらにもう一つ、大きな問題として電話の開設をどのような形態で行なうか、という論議があった。逓信省の開設前、電気通信の事業を管掌したのは、工部省である。工部省は明治十六年九月、電話交換の開設について、太政官に建白した。その方法としては、一案が官営による開設であり、費用五万円を支出すること、二案が官営ではあるが、費用の半額を民間から公募すること、三案が民間会社を設立して事業を委せること、であった。十二月、太政官は「民設ノ積ヲ以テ方按」を調べよ、と指令した。

当時の政府は財政の緊縮政策を推進しており、支出はできる限り抑制しようとつとめている。しかし工部省は調査の上、電話の官営を至当と考え、十七年、十八年と、重ねて太政官に上申した。太政官は依然として民営論をとり、工部省の主張を受付けない。こうして両論が対立したまま、逓信省が発足した。

逓信省の電信局は、工部省から移管されたので、引き続き官営を主張している。次官の野村もドイツにおける見聞から、官営論に同調した。これに対して大臣の榎本は、太政官の意向を引きついだ閣議の空気から、民営論に傾いていた。ここでも大臣と次官は、意見が対立したのであった。

前島の見解

このような諸問題に、密はどのような見解をいだいていたのであろうか。その「手記」によって大要を述べれば、次のとおりである。

定期刊行物について

まず定期刊行物の配達を政府の独占にすることは、治安を維持する上で一つの便法に違いない。しかしドイツのような連邦国家と、わが国とでは国情が異なる。しかも野村案では、三里以内は新聞社の配達を許すことになるが、新聞が配達される範囲は、多くが三里以内であり、三里以外の配達を取締っても、余り効果はない。いよいよ取締るとなれば、配達する郵便局で検閲することになろうが、現在の郵便局にそのような能力はない。そもそも新聞や雑誌は、その発展を図らねばならぬのに、配達を独占することは言論を制限するのと同様で、文運を阻害することになろう。さらに料金を三厘に減ずれば、切手一枚を売って三厘、三枚を売れば一厘の釣銭を要し、窓口の事務は繁雑をきわめる。料金は安いほうがよいといっても、限度があろう。

小包について

次に小包郵便は、もちろん実施を望むが、その場合は全国すみずみにまで及ぼさねばならぬ。いま通運の開かれている四十ヵ所の都会地に限って実施するという案は、民間の運送業者に競争をこころみ、その営業を妨害するに過ぎない。競争の結果、横柄な態度の政府事業は、利用者の歓心を失い、失敗に終わるであろう。政府の小包は、民業が不便のために手をつけぬ寒村僻地に及ぼしてこそ、郵便事業の精神が徹底する。そのためには相当の時間が必要である。時期は遅れても、完全な実施こそ望ましい。

価格表記について

また価格表記郵便も、かねてから実施を希望していた。しかし現状では、鉄道も幹線が開かれたに過ぎず、安全に配達することを保証できない。もう少し鉄道が開かれ、船舶にも保険法ができ、さらに配達人の道徳心が向上しなければ、現金の送達を取扱うことは早計である。もし事故が起こった場合、その弁償金はどこから支弁するか。これを決定せず、ただちに実施することは、無謀の挙といわざるをえない。

このような見解を、密はもっていた。榎本にとって、行き詰った事態を解決するためには、密の協力を得ることが最善と見なされたのも当然であろう。二十一年秋、榎本は密に（秘密の）書簡を送り、就任の決意をうながした。思えば二十年前、榎本が幕府の艦隊を率いて北走しようとした際、密がこれを留め、榎本は怒って密を殺そうとはかった。密にしても「時勢の変化亦大ならずや」（「自叙伝」）の思いが深かった。

電話について、密は「之を民設に許せば国利を損する幾何（いくばく）を知らず、必ず官業とせざる可（べ）からず」（遺稿）と、官営を主張していた。その点は榎本と見解を異（こと）にしていたが、このころには榎本も官営論に耳を傾けている。

逓信省では二十年三月、機構の改正があり、駅逓・電信の二局を廃して、内信・外信・工務の三局を置いた。電話は内信および工務の両局が分掌するところとなり、内信局長には林董（ただす）（駅逓局長）、工務局長には志田林三郎が就任した。

林は順天堂佐藤泰然の末弟にあたり、林家に養子となったが、養家の娘が榎本にとついでいる。いわば姻戚の関係にあり、五稜郭にも林は榎本に従って同行した。また林の長兄山室総三郎のもとには、密も箱館におもむいた際に寄寓している。

さて林は電話官営の持論をもって、大いに榎本に説き、野村との間を周旋した。榎本も林の進言によって、電話に関する限り、野村案に同意するまでに至ったのである。さらに密の見解を聞くに及び、ついに榎本も電話官営の方針を固めたに違いない。

二十一年十一月二十日、密は逓信次官に任命する辞令を受けた。時に五十三歳であった。野村は枢密顧問官に転じた。当時は黒田清隆内閣であり、外務大臣には大隈重信が就任していた。

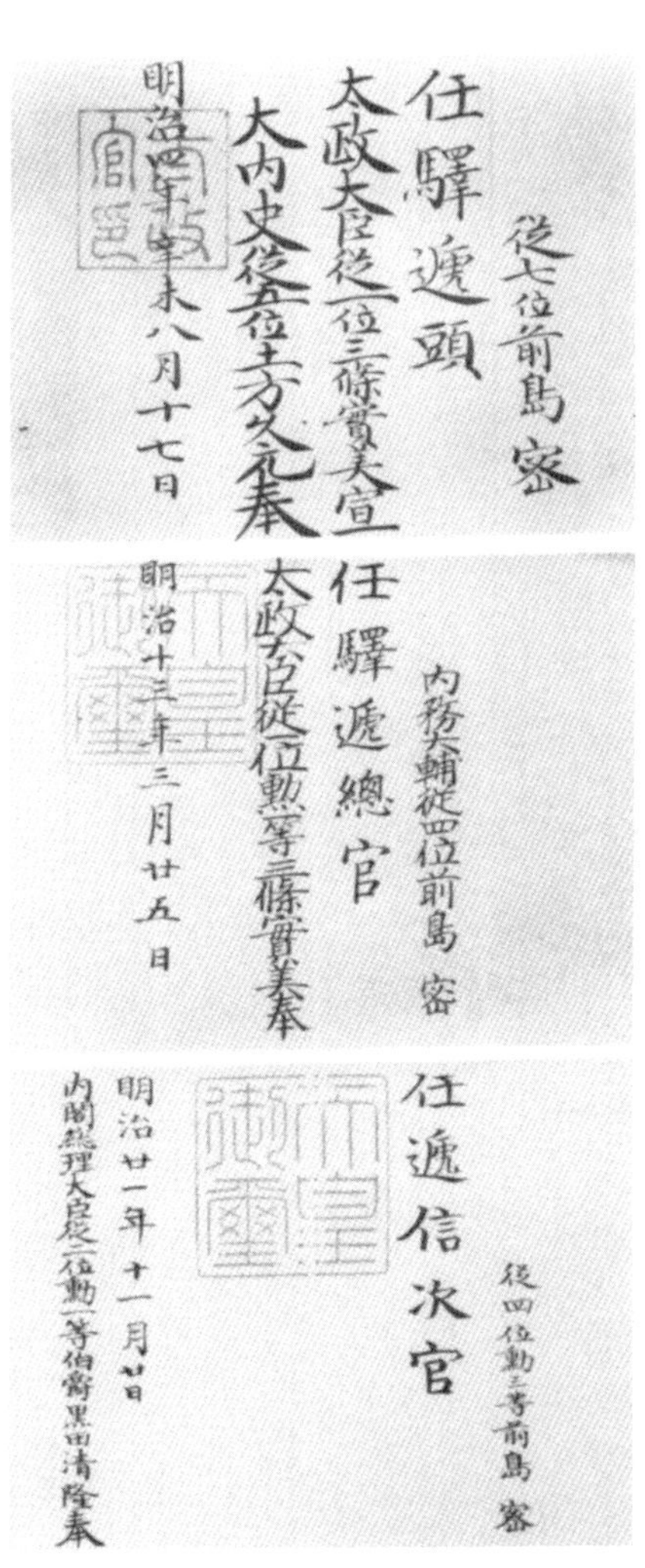
従七位前島密
任驛遞頭
太政大臣従一位三條實美宣
大内史従五位土方久元奉
明治四年辛未八月十七日

内務大輔従四位前島密
任驛遞總官
太政大臣従一位勲一等三條實美奉
明治十三年三月廿五日

従四位勲三等前島密
任遞信次官
明治廿一年十一月廿日
内閣総理大臣従二位勲一等伯爵黒田清隆奉

前島の辞令

十二　再び逓信の中枢に

第三種の改正

密が逓信次官に就任して、まず手がけた仕事は、懸案となっていた第三種郵便に関する改正案の検討であった。さきの野村案は、いったん省議において決定されていたが、これを大臣に対して再議を求め、国情に沿うよう改めたのであった。

第三種を認可された定期刊行物の料金は、一号一箇十六匁まで一銭であった。これを五厘に減額する。その送達も政府の独占とはしない。新聞社や雑誌社が、みずから発送することが便利と考えれば、それにまかせ、第三種郵便として送る場合には、五厘を要する。その点は従来と同様である。

ただし五厘の減額を実施するとすれば、一年間に十万円の欠損を生ずる。これは、どのようにして補塡（ほてん）すればよいか。当時の財政においては、このような欠損を一般会計から支出することはできない。しかも郵便料金は郵便条例（法律）で規定されているから、第三種料金の減額にも法律の改正を要する。補塡の方法を立てておかなければ、閣議お

逓信管理局廃止

よび元老院において、法律の改正が認められなかった（議会は開設されていない）。

そこで密は一案を立てた。すなわち官制の改正を同時に実施するという案である。逓信省の発足にあたっては、駅逓・電信などの諸局とともに総務局が置かれ、これに監察課が属した。監察課は「逓信監察ニ関スル事務ヲ掌（つかさど）」る（逓信省官制）。さらに地方には十五ヵ所に逓信管理局を設け、おのおの管轄地域の郵便電信事務を管理するとともに、監察官を置いて担当地域の逓信事務を監察させた（地方逓信官官制）。

このような管理および監察の組織は、野村次官のときに設けられ、やはりドイツの制度にならったものであった。密は、この官制を根本から改めようと考えた。官制を設けてからあまり年月をへていないが、思い切って廃止する。機構を廃止するのであるから、年間に十万円以上の経費を節約することができる。第三種の補塡も可能になろう。

そもそも地方の各局から上申したり、指令を受けたりする場合「管理局を経（へ）なければならぬ為に事務が渋滞する。……且（かつ）この管理局なるものは役人の非違（ひい）を取締るのが趣意であるから、……動（やや）もすれば罪といふ程でもない聊（いささか）の不注意を捉（とら）へて罪呼ばはりをすると云（い）ふ苛酷（かこく）な事が行はれる。……寧（むし）ろ斯様（かよう）な非違を正すと云ふ事を趣意とするよりも、事務を督すと云ふ精神の管理者が必要である」（『後半生録』）。

郵便電信局

このように考えて密は、新しく「郵便及電信局官制」を立案した。まず各地に郵便局と電信局とが並置されていたものを統合し、郵便電信局とする。統合できぬものは従来どおり郵便局および電信局として残すが、これらを一・二・三等に分ける。そして三十の一等郵便電信局を選び、管轄区域を指定して、管内各局の業務を監督させる、というものであった。

つまり密は「一等郵便局と云ふものは他の下級の其れと同じく郵便事務には練達のものである。況して其の附近の事情に通じて居るものであるから、是れをして事務上の管理をさせる事が最も適当である」と考えたのであった。この官制改革案は、まことに適当と見なされ、閣議をへて、二十二年七月には勅令として公布された。新官制は九月一日より施行される。こうして十万円の財源を得る道が開かれた。

郵便条例改正

もはや郵便条例の改正にも異議はなくなった。八月八日、条例中の改正は法律として公布され、十月一日から施行された。なお改正のなかには、第四種郵便物の重量制限を緩和し（三十匁まで二銭）、農産物種子の取扱いを開始することもふくまれていた。

新聞・雑誌の問題は、ここに解決した。小包郵便および価格表記郵便についても、密は着々と準備を進めた。しかし在官中には成案が得られず、その実施は密の退官後に持ち越された。すなわち小包郵便は二十五年十月、価格表記郵便は三十三年十月に至って実施をみている。

さて最大の懸案である電話の官営方針については、すでに大臣の榎本との間で合意に達している。さらに密は、外務大臣の大隈にも説き、強力な味方を得た。体制が整ったところで閣議にはかり、二十二年三月には、ついに官営の決定をみたのであった。

後藤象二郎

ところが三月二十二日、榎本は文部大臣に移って逓信省を去り、後任の逓信大臣には後藤象二郎が就任した。土佐出身の後藤は、旧自由党の大幹部であり、政界の実力者として、当時は大同団結の運動を推進していた。その思想、その行動、その人柄、万事にわたって密とは相容(あいい)れないものがある。電話の問題について、後藤はどのような見解なのか。問うたところ「官設を推し民設を排す」との固い決意を表明した。しかし密は、大臣の榎本に懇請されて、次官の職に甘んじたのである。まったく呼吸の合わぬ後藤のもとに、膝を屈して仕えるに忍びず、辞任すべきであると考えた。

それについても電話の官営は、閣議決定を得たばかりである。交換の実施までには、さまざまの問題をつぎつぎに解決してゆかねばならない。郵便条例の改正も、管理体制の変革も、この段階では、まだ実現に至っていない。みずから立案した諸件が完全に実現をみるに至るまでは、個人の感情を殺し、忍耐をかさねるべきではなかろうか。思い直して密は、電話の開設をみるまではと、次官の職にとどまったのであった。

電話開設の準備

この年二月十一日、帝国憲法が発布された。帝国議会も翌二十三年に開かれることが決定された。総選挙の実施その他、政府は諸般の準備に忙殺されている。電話については、一月から熱海と東京との間で、一般公衆用の市外通話を実験的に試みていた。しかし正式の電話開設に関して、いっこうに政府は関心を示さない。電話の必要性を理解していないし、この問題を考える余裕もないのであった。

密は工務局長の志田林三郎に、電話開設に要する費用の算出を命じた。志田の調査によれば、仮りに三百名の使用者があって、一年六十円の使用料を収納すれば、収支をつぐなうことができる、その建設費には約十万円を要する、とのことであった。三百名の使用者を得ることは困難でなかろうが、十万円の調達には苦労した。一般会計からは、とうてい支出してもらえない。ようやく逓信省と陸軍省との間に、分配することができる余裕金のあることを見いだし、ここから十万円を捻出（ねんしゅつ）した。

加入者の勧誘

こうして電話線の工事は進められ、二十三年四月十九日には電話交換規則も制定された。当初は東京・横浜の両市および両市の間に、電話交換を開設する。そこで両市において加入者の募集を始めた。ところが加入を申込む者は思いのほかに少なかった。予定では東京三百名、横浜百名である。

密らの苦心は、むしろ加入者の獲得にあった。大臣も次官も、局長も次長も、勧誘に走りまわった。新聞に広告を出し、実業家たちを招待して説明につとめた。しかし巷間では、電話が伝染病の媒介をするという噂が流れる。大金を出して電話を引くよりは、使用人を走らせたほうが、はるかに安いと説く者もいる。そういう時代であった。

使用料の値下げも断行した。東京四十円、横浜三十五円である。それでも当時としては高かった。いささか宣伝の効果はあったものの、十月に最初の加入者名簿が発行された時、加入者は両市を合わせて二百二十四名に過ぎなかった。しかも官庁や大企業、新聞社、銀行などが大部分を占めていた。

二十三年十二月十六日、ついに電話交換は東京・横浜で開始された。長期間にわたっての苦労にもかかわらず、当初の人気は思わしくなかったが、月日がたつにつれて、電話の便利なことは広く知れわたっていった。開業から五年後の二十八年には、申込みが七千件に達し、そのうちで開通をみたものは三千件、という状況になる。供給が需要に追いつかず、電話の積帯（せきたい）は月ごとに年ごとに増加していった。

郵便電信学校

密は、以上のほかにも、さまざまの施策を推進している。そもそも郵便と電信の事務を統轄して処理することは、かねてから密が主張してきたところであった。郵便電信局の設置も、この線に沿ったものである。のち三十六年四月には、郵便電信局もすべて郵便局の名称に復したが、業務の内容は変わらない。すなわち郵便局は郵政事務のほか、電信（および電話）事務をも取扱う体制が、長く続けられるのである。

二十三年三月には、東京郵便電信学校が開設された。それまで電信学校は設けられていたが、このたび改称するとともに、郵便事務を教授課目に加えたのである。将来、逓信事業の幹部となる者は「郵便と電信との事務を併せ学んだもの」でなければならぬ、というのが密の持論であった。つまり「通信技術は自ら一つの特性があるもので、……青年時代から他念無く是に従事し、此事業を終生の職とする決心」がなければ、親切な執務を行なえない。そのためには郵便電信学校を充実し、やがては「局長及び事務者は本学校出身の者を以て之に任ずとの制」を立てたい、と期待したのであった（「後半生録」）。

二十三年七月には、逓信省の官制を改正し、総務局を廃して、郵務・電務などの五局を置いた。この改正にも、密の主張が反映されている。電話の開設を推進したのは、この電務局であった。翌二十四年八月からは、電気事業の監督も逓信省の所管に加えられるが、電気についても密は、早くから強い関心をいだいていた。

電気学会

とにかく密は何ごとにも興味をいだき、かつ熱中した。電信電話の事業にたずさわると、つぎの関心は電気そのものに向けられたのも、当然であろう。電気事業に関係ある人たちが電気学会を結成する（二十一年五月）と、会長に榎本を、ついで副会長に密を推挙した。密は喜んで受けた。やがて次官を辞するとともに副会長も辞したが、なお学会とは密接な関係を保ち、電気事業の発展に尽力したのである。

電象の図

そして、ついには熱意が昂じて、電気の〝本質〟を夢みるに至る。夢のなかの電気の姿といえば「縹渺虚無の界、白衣観音の像に似て慈眼衆生を視るの相を具し、而も端然凛乎侵すべからざる威厳を蔵し、其右掌は天に承けて化育の霊を載せ左掌は地に伏せ生を愛撫するの状を標せる一婦人の眉間より屈曲光線を発射し、其半身を黯憺たる万雲中に明滅する」というも

電象の図
（奥田芳彦画）

のであった。夢がさめて密は、これこそ常に想うところ深かったことにより「偶々夢幻の間に現れたる電気の幻影ならん」と考えた（「逸事録」）。

そこで友人の画家に夢みた姿を描かせ、これを標本として広く意匠を世に求めた。のち明治三十四年十月、電気学会は密の功労を謝して金牌（金メダル）を贈った。牌面には、密が描かせた意匠を採用していた。密は大いに喜び、新年にはその金牌を三宝にのせて床の間に飾ったという。

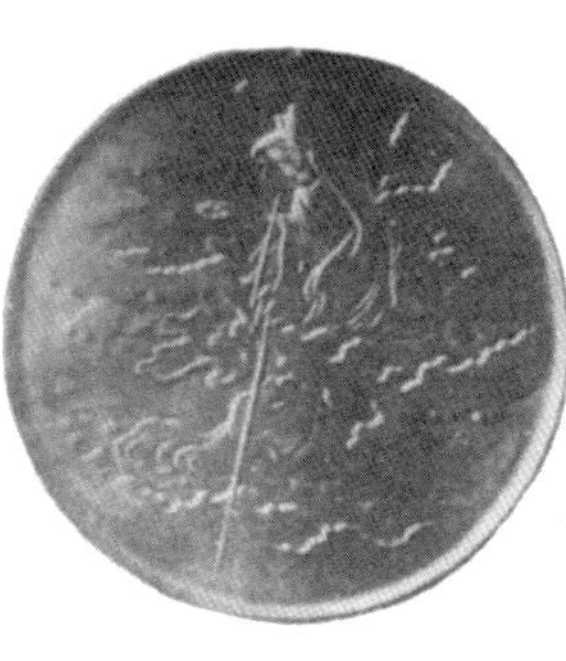
電気学会の金メダル

再度の免官

さて再び在官の時代にさかのぼる。二十三年十二月に電話が創業されると、ひとまず自分の職責を果たすことができた、と密は考えた。ただし、その年の十一月二十五日、第一回帝国議会が召集されている。十二月四日には、明治二十四年度予算案に関し、政府委員を命ぜられた。最初の議会である。密は「多数の議員と相折衝して、己れの技倆を試みるのも亦人生の一快事であろう」と考え、逓信省関係は全般にわたって説明にあたった。何の問題もなく、二十四年三月七日には議会も閉会となった。

もはや密は、思い残すこともなかった。ただちに辞表を提出し、三月十七日をもって依願免本官となった。あと数ヵ月、次官として在任すれば、恩給を受けることができたのである。その点を忠告する友人もあったが、密は笑って自作の詩を示すのみであった。

我豈坐殆恩給禄　　我れ　あに坐して　くらわや恩給の禄
当知斯禄弟兄膏　　まさに知るべし　この禄は弟兄の膏（あぶら）なるを
三杯村酒終生足　　三杯の村酒あれば　終生　足らん
一片月明千里濤　　一片の月　明らかなり　千里の濤（なみ）

（「後半生録」）

顕賞の上申

在任中、密は後藤と一線を画していた。それ故にこそ、退官にふみ切ったのである。しかし後藤は、密から疎（うと）まれても、密を軽（かろ）んずることはなかった。その退官にあたっては、部下に命じて密の功績を起草させ、内閣に上申している。そこでは密が郵便の創業を主唱し、経営に尽力して、今日の大をなすに至った経過を、くわしく論じた。そして最後には、次のように訴えている。

「如是（かくのごとく）　創業の難を排して維持の策を定め、以て業務の本源を開き　百年の基礎を建てたるもの　信（まこと）に当初の主管者たる前島密の効労に帰せざるを得ず、今にして之を思へば　交通四塞（しさく）の暗黒界に思想互通（ごつう）の燈火を点（とも）して、前途今日に至るの方針を示したるものなりと云ふも亦　過称にあらざるなり、故に此業務　整頓の今日に於（おい）て其効労を旌表（せい）せらるること国政上当然の施為なりと云はざる可らず」（『後半生録』）。

後藤もまた、大度の人物であった、といえるであろう。後年、密が授爵の栄典に浴するのも、この上申が何らかの力を及ぼしたのではなかろうか。

いまや密も、ふたたび野の人となった。ときに五十七歳であったから、当時としては隠居の身分になっても、おかしくはない。しかし郵便事業をはじめ、鉄道や海運などの事業に対する深い造詣を、世間が見のがすことはなかった。まず鉄道に関する密の貢献から見てゆきたい。

東京馬車鉄道

官鉄の東海道線は二十二年七月、新橋—神戸の間が全通した。北へ向かっては日本鉄道会社が、上野—仙台—青森の線を二十四年九月に全通させている。こうして東京における鉄道の起点は新橋と上野に置かれたが、新橋—上野を結んで銀座通りを走ったのが東京馬車鉄道であった。十五年の開業から、馬車鉄道は市民の大きな人気を博していたが、しだいに経営が苦しくなる。二十年代の後半には、まったく振わなくなった。

そこで二十七年には経営陣を入れ替え、密は監査役に迎えられた。これより密たちの努力によって、馬車鉄道はふたたび隆盛をとりもどす。そして、三十六年には東京電車鉄道と改称し、馬車にかわって電車を走らせた。さらに明治の末に至って、東京市が買収し、いわゆる市電として長く親しまれることになった。

ところで密の故郷は越後である。東京から郷里に達するには、まず日本鉄道で高崎に達し、そこからは官鉄で横川へ、横川‐軽井沢は碓氷馬車鉄道で越え、軽井沢からはまた官鉄で、高田をへて直江津に達することができる（三十一年十二月開通）。しかし北陸の沿岸には鉄道が開通されていない。官鉄の北陸線にしても、敦賀から富山に達するのは、三十二年三月のことである。

そこで直江津から新潟まで鉄道を通そうという運動が、二十年代の初めから続けられていた。もちろん密も参画している。官鉄を敷設する案も立てられ、議会にも提出されたが、不成立に終わった。その上は私設の鉄道を敷設するほかはない。

機は熟して二十七年五月、北越鉄道会社が創立され、密は創立委員長に挙げられた。これより北陸海岸の難所を越える大工事が始められる。密は二十九年十二月十日には社長に就任し、翌三十年二月五日には辞任したが、その後も取締役として、工事の完成に尽力した。その間、苦心のかずかずは枚挙にいとまがない。

工事は意想外に困難をきわめた。その上に物価が騰貴し、最初の計画を倍する経費を要して、高利の社債を起こさねばならなかった。さらに大洪水や豪雨に襲われ、せっか

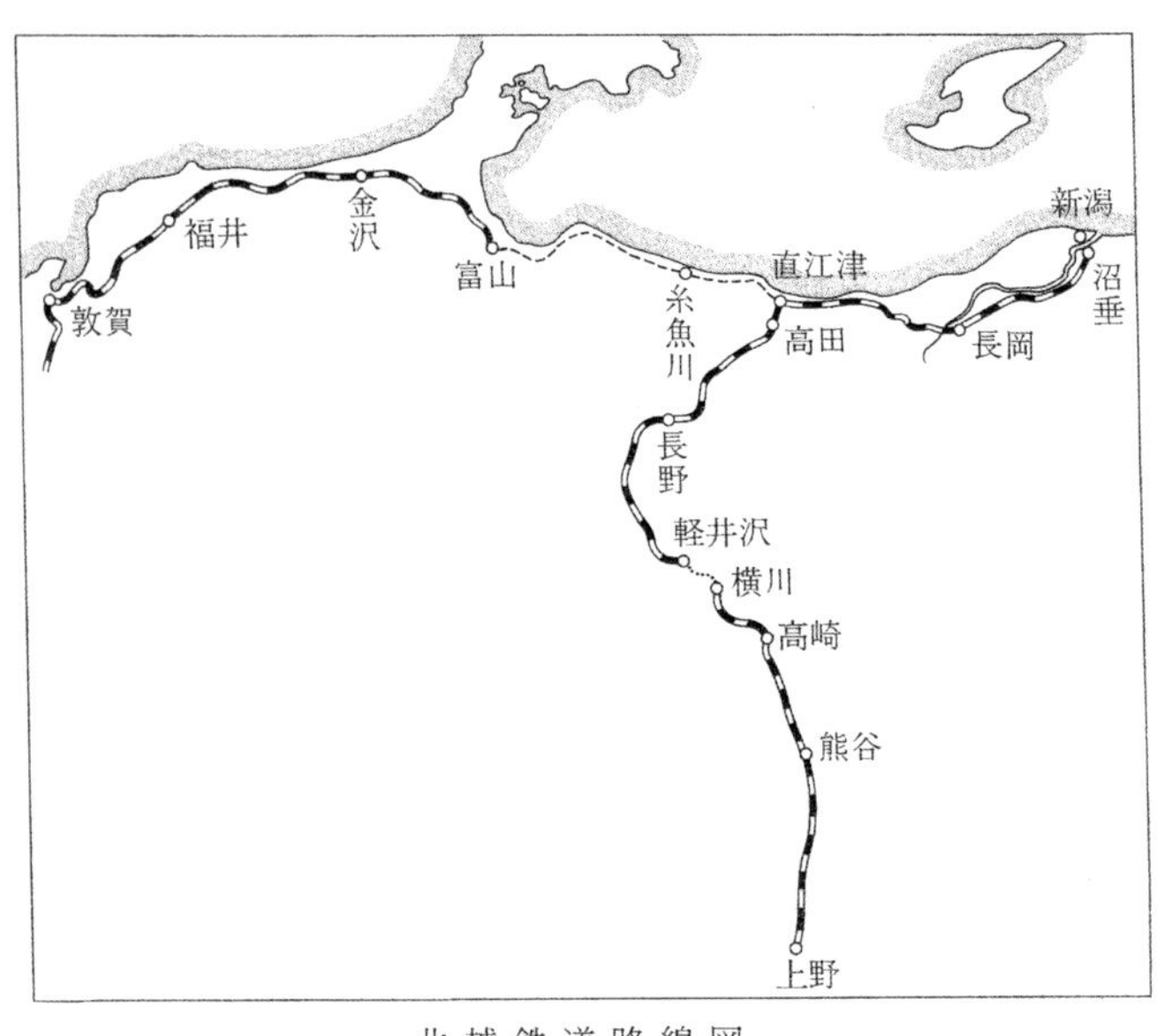

北越鉄道路線図

く敷設した線路も流される。また終点は、新潟の市内から信濃川をへだてた対岸の沼垂に設けられた。大鉄橋を渡す余裕がなかったためである。そこで新潟の市民に不満が高まり、三十年十一月には沼垂の停車場を破壊するという暴挙まで起こされた。

いくたの困難をのりこえて、ようやく三十二年九月五日、直江津―沼垂の間が開通した。その後も会社は高利の社債に悩み、利子を支払うために、また社債を起こすなど、金融に奔走しなければならなかった。密は百株を持つに過ぎなかったが、会社を維持するため、献身の努力を続けたのであった。

すでに日清戦争をへている。この戦争において日本軍は、清国軍を追いながら、朝鮮国の領土を縦断し、さらに清国領の遼東地方を制圧した。かねてから大陸への進出を念願していた密は、いまや釜山から京城（現在のソウル）をへて、鴨緑江岸の義州に達する鉄道の大動脈を建設したいと望んだ。しかし当時の日本政府は、密の遠大な計画を理解することができず、京城-釜山の間と、京城-仁川の間の鉄道を敷設する権利を、朝鮮国に対して求めるにとどめた。密は遺憾に思ったが、やむをえない。

二十九年七月、京釜鉄道発起人会が渋沢栄一を委員長として発足した。もちろん密も委員の一員に列した。会社は三十三年二月に成立し、三月から測量を始めたが、財政その他さまざまの事情によって、工事はなかなかはかどらない。そもそも、この鉄道に関しては一般の関心も薄く、利益の見込みも立たないので、出資者も少なかった。そこで密は、外務大臣の大隈に説き、政府を動かして、株式には特別に六分の補給を国庫から支出するということで、ようやく会社を成立させたほどであった（「追懐録」）。

京仁鉄道についても、他国から買収の申入れがあり、利益のために売却を主張する向きもあった。密は断然これをしりぞけ、大隈の助力により、財界からの援助を得て、三十六年十月には京釜鉄道に合併した。

中国への鉄道計画

折からロシアは旅順・大連地区を租借し、中国の東北地方に勢力を扶植しつつあった。わが国は脅威を感じ、三十五年一月には日英同盟を結んだが、密もまたロシアの南下に備えて、中国に達する鉄道建設の必要を、伊藤博文に訴えている。すなわち三十五年十月の伊藤あて書簡のなかでは、次のように主張した。

……朝鮮貫通　山海関聯絡の鉄道敷設の件は　最も速(すみやか)に其布設(ふせつ)権を獲(え)て、最速に工事に御着手被成(なされ)候事は甚(はなはだ)　緊要なりと奉存候、此鉄道は独(ひとり)他日我貿易及移民の為め必要にして有利なるのみならず、露(ロシア)の蚕食(さんしょく)政略を干(かん)制阻碍(そがい)し、我邦(わがくに)及東亜の平和を保つ最大一策に可有之(これあるべく)候、……（「後半生録」）

大陸進出論者たる密の面目、まさに躍如(やくじょ)としている。ついに日露の開戦となり、軍事上の必要から、にわかに京釜鉄道の工事も急がれることになった。全線の開通は、三十八年一月一日のことである。京城―義州の間の鉄道も、軍部の要請によって三月には着工され、三十九年三月には開通をみた。密の望みも、まずは達せられたわけである。

海員掖済会の発展

日清、日露の戦争において大きな活躍を示したのは、海員掖済会(えきさいかい)であった。軍事輸送のためには、多くの船舶と、そして乗込員を要する。海員掖済会は総力をあげて、乗込員の供給に努力した。密は二十四年三月の免官とともに、海員掖済会の副会長に就任していたが、先頭に立って戦争の遂行に力を尽くした。ここに至って世間も、初めて海員掖済会の事業に注目したのである。三十一年、海員掖済会は最初の社団法人として認められた。

日露戦争をへて、密は海員掖済会の理事会長となった。そして晩年、すべての役職を辞退してからのちも、海員掖済会だけは創立以来の因縁もあるところから、常議員として会の発展と、そして海員の養成のため、尽くしたのであった。

東洋汽船

海運の振興も、三菱の育成をはかって以来、密の念願としたところである。日清戦争によって多額の賠償金を得ると、政府もこれを資金として、民間の海運会社に助成金を与える航海奨励法を、二十九年三月に公布した。この気運に乗じて浅野総一郎は東洋汽船会社を設立し、密を監査役に迎えて、北米航路を開くに至る。横浜－サンフランシスコの間に七千トンの巨船（当時）が就航したのは、三十一年二月である。

国字改良問題

このように密は陸と海にわたって交通事業に要職を占めたが、同時に国字改良の問題に関して大きく貢献していることも、忘れてはならない。みずからは漢詩漢文に親しみながら、一方において密は若いころから熱心なかなもじ論者であった。幕末、三十二歳のときには、将軍に「漢字御廃止之議」を建白している。
明治に及んでは「国文教育之議に付建議」「廃漢字私見書」（明治二年）、「学制御施行に先チ国字改良相成度卑見内申書」（明治六年）など、つぎつぎに卓越した見解を発表した。「まいにち ひらがなしんぶんし」を発刊したのも、明治六年のことである。

郵便事業の用語をみても〝きって〟〝はがき〟〝かわせ〟など、漢字全盛の当時、わかりやすい語を採用している。密の指導によるものであった。

こうした密の学殖はひろく世に知られ、三十二年十月、帝国教育会が国字改良部を設けるや、その部長に挙げられた。三十三年四月には、文部省から国語調査委員長を嘱託され、さらに三十五年四月、国語調査委員会が発足すると、その委員に任ぜられた。

密が提唱した漢字廃止、かな文字専用の論は、影響するところ、すこぶる大きい。かな文字専用を主張し、実行する団体も、明治十年代の後半から、つぎつぎに結成されたし、文学界にも言文一致の運動が起こされる。文章を話しことばで書くことも、密が幕末の建白において、早くも提唱していたところであった。

男爵を授与

さて三十五年六月、わが国は万国郵便連合（UPU）加盟二十五周年を迎え、六月二十日には盛大な記念祝典が挙行された。その前日、密は男爵を授けられて華族に列せられた（六月十八日付）。郵便事業に対する貢献によるものと考えられる。その功績を数えれば、授爵は遅すぎたとの世評もあった。しかし幕臣の出身で授爵の栄に浴したことは、やはり異例に属した、といえるであろう。ときに六十八歳であった。

貴族院議員

三十七年七月十日、密は男爵間の互選によって、貴族院議員に選ばれた。これより四十三年三月八日、病の故をもって辞するまで、貴族院の議席を占める。

その間の四十年十月、幹線鉄道の国有化が実施された。密が社長として、役員として経営に尽力してきた関西鉄道、北陸鉄道、京釜鉄道は、いずれも解散した。創業以来の功労に対しては、各会社とも金銀盃や表彰金を贈り、労苦にむくいた。

日清生命保険

なお四十一年一月、密は七十四歳の高齢ながら、日清生命保険の社長に迎えられた。

さきには海上保険の創設にかかわり、また英国にならって郵便局を媒介とする生命保険の開設

前島密の寿像

を立案した密である。しかも日清生命は、早稲田の出身者たちが経営にあたっていたので、喜んで社長を引受けたのであった。これより四十五年二月まで、社長として会社の育成に努力する。若き日の立案が簡易生命保険として結実し、発足するのは、さらに五年後の大正五年（一九一六）十月のことである。

前島夫妻の墓

芦名の如々山荘

四十四年一月、密は七十七歳、いわゆる喜寿を迎えた。さすがに体力や気力の衰えを感じ、前半にはほとんどすべての役職から退いた（日清生命を除く）。そして神奈川県三浦郡佐島（現在は横須賀市）に移り、療養につとめていたが、四十四年八月、近郊の芦名（同前）に隠宅を設けて、移り住むに至ったのである。そこは浄楽寺の境内で、自然に山をなし、相模湾を一望に見おろせる絶景の地であり、如々山荘と名づけられた。

寿像の建設

大正三年一月、密は八十歳を迎え、宮中から銀盃を下賜された。これを記念して、密の友人たちは寿像を贈ろうと発起した。寿像は彫刻の第一人者、新海竹太郎に託し、台座は伊東忠太（工学博士）が設計した。完成をまって、五年七月一日、逓信省の前庭において盛大な除幕式が挙行された。式典および祝宴に会する者は、大隈、渋沢をはじめ、朝野の名士二百名をこえた。この寿像は逓信省構内に置かれたが、その後は変転をかさねて、いまは池部の前島記念館前に建てられている。

芦名の如々山荘に悠々の生活を送っていた密にとって、大きな打撃は夫人との別れであった。大正六年八月三日、夫人なかは胆石をわずらって死去、六十九歳であった。はげしく落胆した密は、その後とかく健康がすぐれず、一年余りのちには、ついに尿毒症によって倒れた。

大正八年四月二十七日、密は八十五歳をもって如々山荘に生涯を終わった。遺体は夫人とともに、如々山荘の一角に葬られた。密夫妻の墓は、大きな墓石のみ、その上に密が衣冠束帯をつけた小像が安置されている。

余章　顕賞の碑と余話

生誕の碑

新潟県上越市の下池部（しもいけべ）に鎮座する池部神社の境内は、前島 密 の生家、上野家の屋敷跡である。密が没してから三年後の大正十一年五月十一日、この境内に前島の生誕記念碑が建てられた。当時、このあたりは中頸城（なかくびき）郡津有（つあり）村に属していたが、津有村の助役をつとめていた坂田増五郎は、郷里の先輩である密の遺徳を慕い、これを顕彰しようと考えて、生誕碑の建立を計画した。計画は多く賛成を得たが、とくに東京にあって募金につとめ、碑銘や碑文の撰定に奔走したのは、市島謙吉（春城）であった。

生誕碑は高さ五メートルに及ぶ御影石（みかげいし）が用いられ、正面に大きく「男爵前島密君生誕之処」と刻まれた。碑銘の筆者は渋沢栄一である。背面には四百字に及ぶ碑文が刻まれているが、市島謙吉が撰文にあたった。阪 正臣（さかまさおみ）の書である。碑文を掲げておこう。

日本文明の一大恩人がこゝて生れたこの人か維新前後の国務に功績の多かつたほかに明治の文運に寄与して永く後世に伝ふへきものは郵便その他の通信事業てあるこ

れまては緩慢な飛脚便によつた手紙か迅速に正確に頻繁に集配せらるゝやうになり小包郵便郵便為替郵便貯金の制度の出来たのもみなこの人の賜である海運業や新聞界の先駆者てあり電信電話鉄道の開通の殊勲者てもありことに日露役より先に敷設された朝鮮の鉄道の計画者てあつたまた早稲田大学盲唖学校の教育事業や保険海員掖済なとの社会的事業に対する顕著な貢献や率先して東京遷都を主張したり維新前から漢字の廃止を唱へたほとの非凡な先見はいつまても忘れることは出来ない忠実て果敢て簾潔て趣味は博かつた大正八年四月歿年八十五

大正十年十月

この撰文にあたって、市島は大変な苦心をかさねたと伝えられる。密が漢字廃止論者であったことから、はじめ市島は、かな文字のみで密の事跡を記そうと考えた。そこで会津八一(やいち)や坪内逍遥らと相談し、稿を改めること十数回、ついに現存のような文体になったという。

記念郵便局

さて生誕碑が建てられたのち、地元においては前島を記念する郵便局を建てたい、との要望が高まった。逓信省としても、大いに賛成であった。計画を進めていたところ、大正十二年九月の関東大震災にあって、一時中止のやむなきに至った。ようやく十四年になって、ふたたび計画は立てられたが、折からの緊縮財政により、建設資金を国庫から支出することができない。よって地元有志の出資により、当時の三等郵便局（いまの特定局）として建てられることになった。

局舎は、池部神社境内の西側に建てられた。大正十五年五月二十一日に開局式が挙げられ、「前島記念池部郵便局」と命名された。初代局長には、建設にもっとも尽力した坂田徳五郎が就任した。なお局名に〝記念〟の称を付したことは、ほかに例がない。

前島記念館

こえて昭和六年（一九三一）、前島記念館が地部神社の境内に、生誕記念碑と並んで建てられ、十一月十七日に開館した。坂田をはじめ地元の有志が熱心に開設をとなえ、昭和五年の初め、上越三等局長会の賛同を得た。これより上京して逓信省に働きかけ、逓信部内や広く一般から資金を募集した。その結果、一万五千円をこえる募金が集まり、六年七月には着工の運びとなった。鉄筋コンクリート二階建ての美しい建築が、こうして田園風景のなかに出現したのである。

前島記念館は上越三等局長会に贈呈され、同会が経営したが、十二年十二月、国家に寄付されたので、逓信省は逓信博物館の分館として経営することになり、今日に至っている。館内には自伝「行き路のしるし」草稿をはじめ、密の遺稿、遺墨の類、また辞令や遺愛の品などが、かず多く展示され、密の遺業をたどることができる。二十九年には参観者の便宜をはかって、記念館の向かいに別館も建てられた。

本文で述べたように、密の業績は、まことに広く、かつ大きい。その生涯を通じて、業務に精励し、私生活もまた清簾をきわめた。当時の多くの大官のような、乱業と目されるような行動も、まったくない。常にまじめそのものであった。その点、伝記としては、いわゆる面白味を欠くことも、やむを得なかった。

尺八の趣味

趣味は広かったといわれるが、それも書を能くし、画技にもすぐれ、また漢詩をつくり、俳句を詠じる、というたぐいである。ただ一つ、傑出して他人の追随をゆるさない特技に、尺八があった。

尺八は当時、第一の名人と謳われた荒木古童について習い、門人のなかでも長三洲と並んで最高と評された。客を自宅に招いたときなど、よく「別に馳走もないが拙技をお聴に入れる」と言って、夫人の三味線と合奏した。夫人と旅行する際には、尺八と三味線とを、つねに携えた（「逸事録」）。

大久保利通が在世のころ、密は内務少輔が本官で駅逓局長と地租改正掛出仕、さらに元老院議官を兼ねた。連日の激務は深更に及び、まわってくる書類を最後まで閲読することもできない。その上に勧農局長も兼任させられるに及んだ。密が辞退を申し出たところ、大久保は「君をして尺八の名人たらしむるを欲せず」と、ただ微笑するばかりであったという。それほど密の尺八は有名であった（「夢平閑話」）。

もう一つ、密の趣味としては庭園づくりが挙げられよう。深川の邸宅も、永田町や目白台の邸宅も、密はみずから設計して庭園づくりに励んだ。役職には多忙をきわめながら、帰宅すれば植木職人を指図して、木石の配置に丹精をこめる楽しみを味わった。その趣味を問うと「世間の人は些かの名利を得ば 直ちに見越の松かなんぞで 美人を側近に擁して快とするも、此快楽たるや一種の罪悪にして 世間を憚る苦痛を忍んで 竊かに自身のみの快楽たるに過ぎず。之に反し庭園趣味は 自身家族は勿論 多数の人に目を楽ましめ、高雅なる精神を領ち得るのみならず、旦夕之を出精せば自己保健上の利益を得る事大なり。苟くも活社会に処して働かんとする者は如何に多忙と雖も、朝夕の寸暇を此趣味のために費す位の余裕なかるべからず」と大笑するのが常であった（「逸事録」）。

この言、そのまま密の生きかた、その人柄を語っているものではなかろうか。

あとがき

前島 密 の名は、郵便事業の創案者として広く知られているにもかかわらず、郵便以外の事業に残した多くの業績や、その生い立ちに関しては、意外に知られていない。序章にも述べたように、明治国家の建設にあたって、前島が果たした役割は、きわめて大きかった。業績の大きさを見るにつけても、前島がいかにして、あのような視野と卓見をもつに至ったのか、本書では少青年期の行動を通じて、その人物の形成を跡づけようと試みた。前半生に関して、多くの紙数を割いたのは、そのためである。ただ叢書の一冊であるために、枚数が限られ、十分に述べることのできなかった点を、残念に思っている。前島の生涯と、その業績について、詳細な伝記を叙述する機会の与えられることを願ってやまない。

叙述にあたっては、すぐれた前島の研究者である橋本輝夫氏から、かず多くの教示をいただいた。また前島の前半生期に関しては、新潟市の井上慶隆氏に、後半生期に関しては郵政研究所付属資料館の中村日出男氏に、負うところすこぶる多い。更に、掲載写真の多くは郵政研究所付属資料館より提供を受けた。ここに厚く感謝の意を表するものである。

一九九〇年二月

山口　修

前島氏略系図

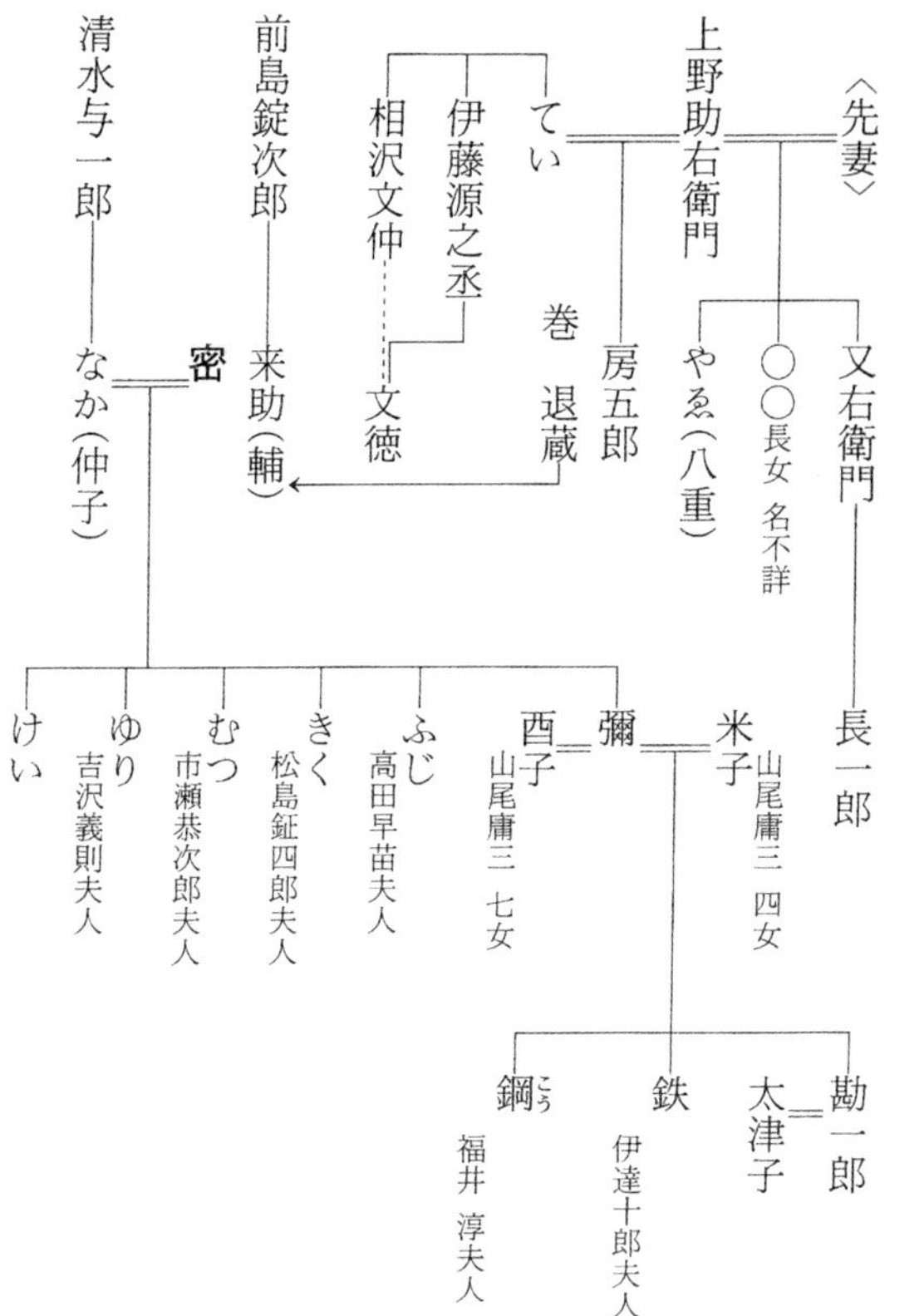
〈先妻〉
上野助右衛門
てい
伊藤源之丞
相沢文仲
前島錠次郎
清水与一郎
又右衛門
○○長女 名不詳
やゑ(八重)
房五郎
巻
退蔵
文徳
来助(輔)
密
なか(仲子)
長一郎
米子 山尾庸三 四女
彌
酉子 山尾庸三 七女
ふじ 高田早苗夫人
きく 松島鉦四郎夫人
むつ 市瀬恭次郎夫人
ゆり 吉沢義則夫人
けい
勘一郎
太津子
鉄 伊達十郎夫人
鋼(こう) 福井 淳夫人

略年譜

年次	西暦	年齢	事蹟	参考事項
天保六	一八三五	一	一月七日（陽暦二月四日）越後国中頸城郡下池部村（上越市）の上野家に生まれる。幼名は房五郎。父助右衛門は八月一一日に病没。もっぱら母ていに養育される	十一代将軍家斉の晩年である 天保八年二月、大塩平八郎の乱が起る　○九月、十二代家慶が就任
一〇	一八四〇	五	母にともなわれて高田に別居。母子二人の生活で、母から教育を受ける	五月、蕃社の獄により渡辺崋山、高野長英らが逮捕投獄される
一三	一八四二	八	六月、母とともに糸魚川に移り、叔父の藩医相沢文仲の養子となる。医学の基礎を学び、また藩士竹島俊司について和漢の詩文を学ぶ	水野忠邦による天保の改革が進められている（天保一二―一四）
弘化二	一八四五	一一	三月、高田に遊学し、倉石典太の塾に入る。およそ二年間、多くは下池部の生家から通学した	
四	一八四七	一三	九月、オランダ医学を習得しようと江戸に出る。医家の薬室生や学僕となって漢学、蘭学を学ぶ	このころ外国艦船の来航がつづいている
嘉永二	一八四九	一五	五月、叔父相沢文仲の死去により上野氏に復籍。江戸では幕府の医官に仕え苦学をつづける	三年一〇月、高野長英が自殺
四	一八五一	一七	苦学のかたわら、写本の筆耕にたずさわり「三兵タキチク」は三度も筆写して兵法を習得	

	六	一八五三	一九	米艦を見るため、浦賀におもむく	六月三日、ペリー艦隊が浦賀に来航〇一〇月、家定が十三代将軍となる
安政	元	一八五四	二〇	国防の策を立てようと考え、九州・四国・関西を巡歴し海岸線を視察	三月三日、日米和親条約が調印。下田・箱館が開港される
	二	一八五五	二一	二月、下曾根金三郎に入門し西洋砲術を学ぶ。また旗本設楽弾正から英学の必要を説かれ、大いに開眼するところがあった	
	四	一八五七	二三	八月、幕府の海軍操練所の見習生となり、機関学を習い操船術を学んだ	
	五	一八五八	二四	二月、巻退蔵と改称〇三月、箱館に向かう〇一一月、箱館開成所に入り武田斐三郎に入門	六月、日米通商条約に調印、つづいて各国と通商条約を結ぶ〇一〇月、家茂が十四代将軍となる
	六	一八五九	二五	七月、航海学実習生として箱館丸に乗組み日本の沿海を一周、翌年正月に箱館へ帰港	この年、井伊大老による安政の大獄が吹き荒れている
万延	元	一八六〇	二六	四月、箱館丸測量役として再び沿海を周航	三月三日、桜田門外の変
文久	元	一八六一	二七	八月、向山栄五郎に随行して対馬へおもむく〇一〇月、対馬に着き、ついで長崎に回航	二月、ロシア軍艦が対馬に来航し占領を企てる。八月には退去
	二	一八六二	二八	この年より長崎に滞在して学んでいる	
	三	一八六三	二九	一二月、訪欧を企て何礼之の従者となって江戸に向かったが期日に遅れ空しく長崎に戻る	七月、薩摩藩が英艦と戦う
元治	元	一八六四	三〇	九月、長崎に私塾培社を開く。所長は瓜生寅	八月、第一回長州征討

年号	西暦	年齢	事項	参考事項
慶応元	一八六五	三一	一月、薩摩藩に招かれ鹿児島で英学の教授にあたる○一二月、辞去して江戸に帰る	
二	一八六六	三二	三月、幕臣前島家を継ぎ、来輔と改名○牛込赤城下町に住み、清水なかを妻にむかえる○八月、開成所の反訳方となる○一二月、徳川慶喜に「漢字御廃止之議」を建白	一月、薩長の同盟が成立○六月、長州再征が令される○七月、将軍家茂が死去し、征長は中止○一二月、慶喜が将軍に就任
三	一八六七	三三	五月、開成所の数学教授に任ぜられる○八月、兵庫奉行の手附役となり、神戸開港の事務に従事○一二月、慶喜に「領地削減の議」上申	一月九日、明治天皇が即位 一〇月一四日、慶喜が大政奉還上奏 一二月九日、王政復古の大号令
四	一八六八	三四	一月九日、神戸を退去して江戸に帰る○二月、勘定役格徒目付となり、東征軍応接のため東海道に出張○三月、大久保利通に「江戸遷都」を献言○七月、駿河藩留守居役となり静岡に移る○八月、	一月三日、鳥羽伏見の戦。慶喜は江戸に戻り、二月より上野で謹慎 四月一一日、江戸開城○五月、徳川家達は駿府七〇万石に移封される
明治元			駿河藩公用人となる	九月八日、「明治」と改元
二	一八六九	三五	三月、遠州中泉奉行となる。このころ密と改名○十月六日、長女不二が誕生、のち高田早苗夫人○一二月二八日、上京し民部省九等出仕を拝命	三月、東京に遷都○五月、五稜廓が開城し、榎本武揚らは降伏○一二月二五日、電信が創業され、東京-横浜間に電報の取扱いを開始
三	一八七〇	三六	一月五日、民部省に出仕し改正掛に勤務。この間「鉄道臆測」を起草○四月一二日、租税権正に任じ従七位○五月一〇日、駅逓権正を兼任し、新式郵	六月、駅逓権正に杉浦譲が就任○八月、新式郵便の実施が決定○一〇月、工部省が新設される○一二月八日

四	一八七一	三七	便の制度を立案○採用に至る前、六月一七日には英国派遣を命じられ渡欧 八月一五日、帰朝○一七日、駅逓頭に任命○二三日、度量衡改正掛長を拝命○一二月一二日、正六位	「横浜毎日新聞」創刊 三月一日、郵便創業。杉浦譲は駅逓正に昇任○七月一四日、廃藩置県○七月、民部省が廃され駅逓司は大蔵省に移管。駅逓正に浜口成則任命○八月一〇日、駅逓司は駅逓寮に昇格、浜口は駅逓頭に任命
五	一八七二	三八	六月二日、大蔵省四等出仕、駅逓頭を兼任○九月二八日、二女きく生誕。のち松島鉦四郎夫人。このころ深川清住町に転居している○一〇月五日、従五位	六月一〇日「郵便報知新聞」創刊○八月末で伝馬所・助郷を廃止○九月一二日、鉄道開業式○一二月三日、改暦、六年一月一日とする
六	一八七三	三九	二月一五日「ひらがなしんぶんし」創刊○三月二〇日、長男彌誕生（昭和一〇年没）○六月一五日、大蔵省三等出仕、駅逓頭を兼任○六月一七日、大蔵輔（次官）の心得で事務取扱○一一月一五日、正五位	四月一日、郵便料金の均一制実施○五月一日、信書の逓送は駅逓頭の特任とする○七月一日より新聞原稿は四匁まで無料○八月六日、日米郵便交換条約調印○一一月、内務省新設
七	一八七四	四〇	一月九日、駅逓頭の専任となる○二九日、内務大丞に任名、駅逓頭を兼任○六月二九日、諸規則取調掛長を拝命	一月八日、駅逓寮は内務省に移管○二月、佐賀の乱。飛信逓送規則制定○四月、台湾出兵（―一一月）
八	一八七五	四一	一一月、清国の上海に出張して郵便事情を視察	一月、窓口機関を郵便局と改称○二

年号	西暦	年齢	事績	一般事項
			○一〇日、三女むつ誕生、のち市瀬恭次郎夫人○二八日、駅逓寮が一等寮に昇格のため、駅逓権頭を兼任、ついで駅逓頭兼任となる	日、郵便為替を創業○五日、外国郵便開業式○二月、三菱商会が横浜－上海の航路を開く○五月二日、郵便貯金を創業○一〇月、三菱会社が上海航路を独占
九	一八七六	四二	九月二六日、内務少輔に任命、駅逓頭を兼任	二月二六日、日韓修好条規調印○四月一五日、上海に日本郵便局を設置○一〇月より各地に士族の反乱、ついで農民一揆が起こされた
一〇	一八七七	四三	一月一一日、駅逓局長を兼任（寮は局と改称）○四月、警視庁の重要事務を担当し、巡査の徴募にあたる○八月一一日、内国勧業博覧会審査官長を拝命○二二日、吹上御苑にて勅語を賜わる○一二月二九日、内務卿代理の執務を賞せられ、目録金一〇〇〇円を下賜	一月四日、地租を二分五厘に軽減○二月、西南戦争起こる、九月二四日に終結○六月一日、万国郵便連合に加盟○八月、第一回内国勧業博覧会開会
一一	一八七八	四四	一月二三日、地租改正局三等出仕を兼務○二月一六日、勧農局長を兼務○三月六日、元老院議官を兼務○四月二三日、内国勧業博覧会の審査事務総括勉励を賞され緞子・紅白縮緬を下賜○六月二六日、博覧会審査官長を免ぜられる	三月二五日、電信開業式○五月一四日、大久保利通が暗殺される。前島の前途は多難となる○七月、郡区町村編制法など制定○八月二三日、竹橋騒動
一二	一八七九	四五	三月一四日、勧農局長の兼務を免ぜられる○七月	四月四日、沖縄県が設置される○一

明治	西暦	年齢	事項	参考事項
			二九日、東京地方衛生会会長を拝命○一二月一五日、従四位	二月三一日、在日イギリス郵便局が閉鎖される
一三	一八八〇	四六	二月二八日、内務大輔に任命。駅逓局長兼任○三月二五日、駅逓総官に任命	三月三一日、在日フランス郵便局が閉鎖され郵便主権を回復
一四	一八八一	四七	六月二八日、農工商上等会員を拝命○七月一六日、勲三等旭日中綬章を賜わる○二五日、地租改正事務に勉励につき金七〇〇円を下賜○一一月二日、辞表提出○八日、依願免本官	一月三日「中外郵便週報」発刊○四月七日、農商務省を新設、駅逓局を移管○一〇月一四日、いわゆる十四年の政変、大隈重信免官
一五	一八八二	四八	二月、日本海員掖済会の委員となる○四月、改進党の結成に参画○一〇月、東京専門学校の創立に尽力し、(評)議員に就任	四月一六日、立憲改進党が結成○一〇月二一日、東京専門学校開校○一二月一六日、郵便条例公布
一六	一八八三	四九	このころ小石川区関口台町(文京区目白台)に転居	
一八	一八八五	五一		一二月、内閣制度が発足し、逓信省を新設、大臣榎本武揚
一九	一八八六	五二	九月、東京専門学校の校務を主宰する	三月、帝国大学令公布
二〇	一八八七	五三	八月、東京専門学校校長に就任（—二三年）○五月、関西鉄道株式会社の社長に就任	
二一	一八八八	五四	一一月二〇日、逓信次官に就任○一二月六日、従三位	四月二〇日、黒田清隆内閣成立
二二	一八八九	五五	五月二五日、四女由理誕生、のち吉沢義則夫人○七月、郵便及電信局官制の制定に尽力○八月、定	二月一一日、帝国憲法発布○三月二二日、逓信大臣後藤象次郎○一二月

			期刊行物の取扱い問題を解決○九月、電気学会の副会長となる	二四日、山県有朋内閣成立
二三	一八九〇	五六	三月、東京郵便電信学校の設立に尽力○電話の官設方針を堅持し一二月一六日に電話の開通をみるに至る○一二月四日、二四年度予算に関し政府委員を拝命	七月一日、衆議院議員総選挙 一一月二九日、第一回帝国議会の開院式挙行
二四	一八九一	五七	三月一七日、願いに依り逓信次官を免官。日本海員掖済会の副会長となる	
二六	一八九三	五九	一二月、東京馬車鉄道会社監査役に就任	
二七	一八九四	六〇	二月七日、五女けい誕生するが一〇日に死去○この年、北越鉄道株式会社の社長に就任	八月一日、清国に対し宣戦（二八年四月一七日に講和）
二九	一八九六	六二	六月、東洋汽船株式会社の監査役に就任	三月、航海奨励法公布
三二	一八九九	六五	一〇月、帝国教育会の国字改良部部長となる	九月、北越鉄道が沼垂（新潟）まで全通
三三	一九〇〇	六六	四月二日、文部省から国語調査委員長を嘱託	六月、清国の義和団事件に出兵
三四	一九〇一	六七	六月、京釜鉄道株式会社の取締役に就任○一〇月、電気学会から賞牌を贈られる	四月二九日、皇孫裕仁親王（昭和天皇）誕生
三五	一九〇二	六八	二月八日、国語調査委員長を退任○四月一一日、国語調査委員を拝命（三六年五月まで在任）○六月一九日、男爵を授けられ華族に列する○七月三〇日、正三位	一月、日英同盟が成立する 六月二〇日、万国郵便連合加盟二十五年祝典を挙行○一〇月一九日、東京専門学校は早稲田大学と改称

年	西暦	年齢	事項	一般事項
三六	一九〇三	六九	三月二〇日、嫡孫勘一郎誕生（昭和五六年没）○一〇月二八日、京釜鉄道会社理事を拝命	八月、東京に市内電車が開通
三七	一九〇四	七〇	一月二七日、七〇歳の高齢につき盃を下賜○七月一〇日、貴族院議員（男爵の互選）に当選	二月一〇日、ロシアに宣戦（三八年九月五日に講和）
三八	一九〇五	七一	六月、日本海員掖済会の理事長に就任	七月一日、韓国の通信業務を接収
三九	一九〇六	七二	四月一日、勲二等瑞宝章を賜わる○二八日、日本海員掖済会から有功章を贈られる○一二月、京釜鉄道会社解散、創業以来の功労を表彰される	三月三一日、鉄道国有法公布、四〇年一〇月までに幹線の国有化完了○一一月、南満州鉄道会社設立
四〇	一九〇七	七三	関西鉄道、北越鉄道解散につき功労を表彰される	
四一	一九〇八	七四	一月、日清生命保険株式会社の社長に就任	
四三	一九一〇	七六	三月一〇日、貴族院議員を辞任○五月、海員掖済会理事長ほか、ほとんどすべての役職から退く。	八月、韓国を併合○一〇月一日、朝鮮総督府を開く
四四	一九一一	七七	八月、神奈川県三浦郡西浦村の芦名に隠居する	
四五 大正元	一九一二	七八	二月、日清生命保険の社長を辞任	一月一日、中華民国が発足する○七月三〇日、明治天皇崩御。大正と改元
二	一九一三	七九	八月二〇日、従二位	
三	一九一四	八〇	一月一一日、八〇歳の高齢につき銀盃を下賜	八月二三日、ドイツに宣戦
四	一九一五	八一	一〇月六日、金婚式の祝宴を開く	一一月一〇日、即位の大礼
五	一九一六	八二	七月一日、逓信省構内に寿像が建設される	一〇月一日、簡易生命保険創業
六	一九一七	八三	八月三日、妻なかが死去、六九歳	

七	一九一八	八四		一一月一一日、第一次大戦が終結
八	一九一九	八五	四月二七日、芦名邸にて死去○二八日、正二位に昇叙	

主要参考文献

『鴻　爪　痕』　前島家蔵版　大正　九年
『郵便創業談』　逓　信　協　会　昭和一一年
『鴻　爪　痕』　逓　信　協　会　昭和三〇年
『前島密自叙伝』　前島密伝記刊行会　昭和三一年
『前島密郵便創業談』　前島密伝記刊行会　昭和三一年
『行き路のしるし』　日本郵趣出版　昭和六一年
『逓信事業史』第二巻郵便、第三巻電信、第四巻電話、第六巻電気・管船　逓　信　協　会　昭和一五年
『郵政百年史資料』全三〇巻　吉川弘文館　昭和四三年
『郵政百年史』　逓　信　協　会　昭和四六年
小　田　嶽　夫『前　島　密』　前島密顕彰会　昭和三三年
同　『前　島　密』　通信事業教育振興会　昭和六一年

藪内吉彦　『日本郵便創業史』　雄山閣出版　昭和五〇年
山口　修　『郵便貯金の一〇〇年』　郵便貯金振興会　昭和五二年
同　『外国郵便の一世紀』　国際通信文化協会　昭和五四年
同　『郵政のあゆみ一一一年』　ぎょうせい　昭和五八年
同　『国民生活と郵便局』　通信事業教育振興会　昭和五九年

著者略歴

一九二四年生れ
一九四七年東京大学文学部卒業
現在、仏教大学文学部教授

主要著書
郵政のあゆみ一一一年　外国郵便の一世紀　郵便貯金の一〇〇年　日本記念切手物語　郵便博物館　付郵便百科年表

人物叢書　新装版

前島密

平成二年五月一日　第一版第一刷発行

著者　山口修（やまぐちおさむ）
編集者　日本歴史学会
代表者　児玉幸多
発行者　吉川圭三
発行所　株式会社吉川弘文館
東京都文京区本郷七丁目二番八号
郵便番号一一三
電話〇三—八一三—九一五一〈代表〉
振替口座東京〇—二四四
印刷＝平文社　製本＝ナショナル製本

『人物叢書』(新装版)刊行のことば

人物叢書は、個人が埋没された歴史書が盛行した時代に、「歴史を動かすものは人間である。個人の伝記が明らかにされないで、歴史の叙述は完全であり得ない」という信念のもとに、専門学者に執筆を依頼し、日本歴史学会が編集し、吉川弘文館が刊行した一大伝記集である。

幸いに読書界の支持を得て、百冊刊行の折には菊池寛賞を授けられる栄誉に浴した。

しかし発行以来すでに四半世紀を経過し、長期品切れ本が増加し、読書界の要望にそい得ない状態にもなったので、この際既刊本の体裁を一新して再編成し、定期的に配本できるような方策をとることにした。既刊本は一八四冊であるが、まだ未刊である重要人物の伝記についても鋭意刊行を進める方針であり、その体裁も新形式をとることとした。

こうして刊行当初の精神に思いを致し、人物叢書を蘇らせようとするのが、今回の企図である。大方のご支援を得ることができれば幸せである。

昭和六十年五月

日本歴史学会

代表者 坂本太郎

〈オンデマンド版〉
前島　密

人物叢書　新装版

2020年（令和2）11月1日　発行

著　者　山口　修（やまぐち　おさむ）

編集者　日本歴史学会
代表者　藤田　覚

発行者　吉川道郎

発行所　株式会社　吉川弘文館
〒113-0033　東京都文京区本郷7丁目2番8号
TEL　03-3813-9151〈代表〉
URL　http://www.yoshikawa-k.co.jp/

印刷・製本　大日本印刷株式会社

山口　修（1924～1998）

ISBN978-4-642-75191-9